W0067372

Schule direkt

Die Praxisreihe für Selbst-Management
Organisationsentwicklung und Unterricht

Band 8

Udo W. Kliebisch

Fast wie ein Wunder …

Die NLP-Tricks für erfolgreiche
Lehrerinnen und Lehrer

Mit einem Vorwort von

Karl Heinz Basten

Schneider Verlag Hohengehren GmbH

Umschlaggestaltung:
Wolfgang H. Ariwald, BDG, 59519 Möhnesee

Gedruckt auf umweltfreundlichem Papier (chlor- und säurefrei hergestellt).

Die Deutsche Bibliothek – CIP-Einheitsaufnahme

Kliebisch, Udo:
Fast wie ein Wunder … : die NLP-Tricks für erfolgreiche Lehrerinnen
und Lehrer / Udo W. Kliebisch.
Mit einem Vorw. von Karl Heinz Basten. –
Baltmannsweiler : Schneider-Verl. Hohengehren, 1999
   (Schule direkt ; Bd. 8)
   ISBN 3-89676-118-8

Alle Rechte, insbesondere das Recht der Vervielfältigung sowie der Übersetzung, vorbehalten.
Kein Teil des Werkes darf in irgendeiner Form (durch Fotokopie, Mikrofilm oder ein anderes Ver-
fahren) ohne schriftliche Genehmigung des Verlages reproduziert werden.
© Schneider Verlag Hohengehren, 1999.
   Printed in Germany – Druck: Wilhelm Jungmann Göppingen

„Neurolinguistisches Programmieren
ist ein Begriff, den ich erfunden hatte,
um zu vermeiden,
dass ich mich auf diesem oder jenem Gebiet
spezialisieren müßte."
(Richard Bandler)

Inhaltsverzeichnis

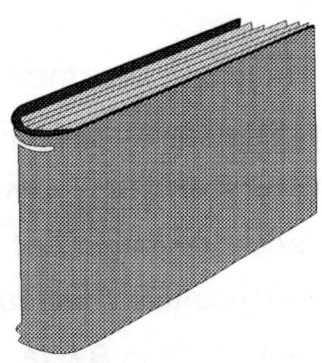

„Aufgrund der Untersuchungen des Modelling
ergeben sich für NLP folgende Vorannahmen:
Wir haben alles, was wir brauchen, schon in uns. [...]
Jedes Verhalten hat für die jeweilige Person
eine positive Absicht. [...]
Jeder tut das Beste, das er/sie im Moment kann. [...]
Wir geben ein Verhalten oder Gefühl erst auf,
wenn wir etwas Besseres gefunden haben."
(Gundl Kutschera)

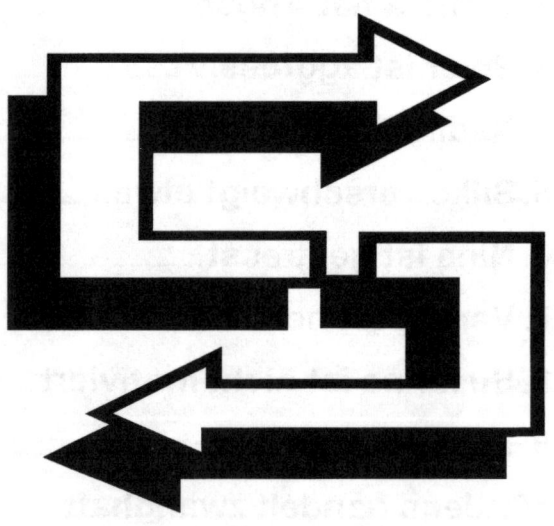

Das Buch ist entstanden aus dem Bemühen des Autors, seine Erkenntnisse und Erfahrungen aus dem Bereich des NLP-Grundlagenwissens für die Erwachsenenbildung, die schulische bzw. die außerschulische Beratung und nicht zuletzt für die pädagogische Arbeit in Schulen nutzbringend umzusetzen.

Die praktischen Beispiele mit Bezug auf alternative Problemlösungen, sowie die genau erklärten Techniken verdeutlichen den Nutzen des NLP für Beratung und Unterricht.

Es macht natürlich Sinn, das NLP-Grundlagenwissen selbst zu erlernen, um so seine Wirkungsweise erkennen zu können und eigenständige Umsetzungen im beruflichen Alltag zu entwickeln.

Die Neurolinguistik hat verstärkt erst in den vergangenen Jahren die Aufmerksamkeit bei den Lehrern, Pädagogen und Erziehern erfahren. Es scheint jedoch noch an Akzeptanz in den Ausbildungsseminaren für Lehrer zu fehlen.

Der Weg des Erfolges der NLP-Methoden führt allerdings nicht über eine Anwendung nach Vorschrift im Sinne einer spezifischen Methode für ein spezifisches Problem, das trifft weder beim NLP zu noch bei anderen Methoden.

Der Respekt vor dem individuellen Modell, das sich jeder Mensch von der Welt, die ihn umgibt, zurecht gelegt hat, ist eine erste zentrale Grundannahme im NLP. Das Wissen darum ist sowohl für das Erlernen von NLP-Grundlagen als auch bei ihrer Anwendung von Bedeutung.

Weitere NLP-Leitsätze sind:
- ❑ Jedem Verhalten liegt eine positive Absicht zugrunde, nur so versteht der Beratende das Verhalten seines Klienten.
- ❑ Die NLP-Methoden erfüllen ihren Zweck erst dann, wenn sie die Wahlmöglichkeit für nützliche Lösungen eines Problems erweitern.
- ❑ Ein „Versagen" im konventionellen Sinn gibt es nicht, sondern jedes Verhalten – also auch Fehlverhalten – wird als Feedback verstanden.

❑ Jeder Mensch verfügt – so eine weitere Grundannahme im NLP – über die notwendigen Fähigkeiten (Ressourcen), seine für ihn wichtigen Ziele auch zu erreichen.

❑ In Konfliktsituationen verfügt derjenige über ein hohes Maß an Flexibilität in Bezug auf angestrebte Problemlösungen, der sein Verhalten so steuern kann, dass das erwünschte Ergebnis auch eintritt.

❑ Eine weitere Erkenntnis ist, dass ein NLP-Anwender zum Beispiel bei einem Schüler Widerstand auf Veränderung hervorrufen kann, wenn der Rapport auf der Seite des Beraters fehlt.

❑ Die fehlende Bereitschaft zur Verhaltensänderung auf Seiten eines Schülers besteht oft weniger in seiner mangelnden Bereitschaft dazu, sondern lässt Rückschlüsse auf den Beratenden zu: Die Bedeutung von Kommunikation liegt in ihrer Reaktion auf sie. So erst schaffen NLP-Anwender die grundlegenden Voraussetzungen für wünschbare Veränderungen.

In diesem Verständnis sollten die Leitsätze und Fertigkeiten des NLP-Anwenders weiter verbreitet werden und einen Beitrag dazu leisten, die Fähigkeiten des Lehrers, Pädagogen und Erziehers auszubilden, um so eine menschliche Entwicklung der ihnen anvertrauten Menschen zu ermöglichen.

Karl Heinz Basten
NLP Master

1
Zur
Einführung

„Menschen reagieren auf ihre
Abbildung der Realität,
nicht auf die Realität selbst."
(Thies Stahl)

Viele Lehrer haben heute Schwierig-keiten mit ihrer beruflichen Situation und ihrem Selbstverständnis. Die Si-tuation der Lehrer ist in den letzten Jahren spürbar schlechter geworden: Höhere Klassenfrequenzen, unbe-zahlte Mehrarbeit und ein hoher Ver-waltungsaufwand kosten Zeit und Ner-ven. Darüber hinaus ist der Umgang mit Schülern schwieriger geworden: Immer mehr Schüler besuchen wei-terführende Schulen, auch solche, de-ren Leistungsfähigkeit arg begrenzt ist. Immer mehr Schulen rücken dadurch in einen sozialen Brennpunkt. Überfor-derte Schüler verhalten sich aggressiv, desinteressiert, unmotiviert, weil sie mit ihrer Schul- und Lebenssituation nichts mehr anfangen können.

Die sozialpsychologische Betreuung der Lehrer wird daher immer wichtiger. Das Neurolinguistische Programmieren (NLP) leistet hier gute Dienste. Der Mathematiker und Psychologe Richard Bandler und der ehemalige Linguistik-Professor John Grinder gelten als die Begründer des Neurolinguistischen Programmierens. Mit Rückgriff auf ver-schiedene Wissenschaftsbereiche wie u. a. die Kybernetik und die Kommuni-kationstheorie entwarfen Bandler und Grinder verschiedene therapeutische Interventionsmuster, die schließlich von anderen Autoren aufgegriffen und weiterentwickelt worden sind.

Bandler und Grinder haben zu keiner Zeit ein in sich geschlossenes, theore-tisch eindeutig begründetes Modell ihrer Überlegungen zum NLP entwik-kelt. Mit dieser Situation korrespondiert Bandlers Feststellung, er habe den Begriff NLP erfunden, „um zu vermei-den, dass ich mich auf diesem oder jenem Gebiet spezialisieren müsste" (1992, 19). Selbst erfahrene NLP-Nutzer tun sich vor diesem Hintergrund in aller Regel schwer, genau zu be-schreiben, was NLP eigentlich sei.

Diese Schwierigkeiten beginnen be-reits beim Namen selbst. Soviel lässt sich sagen: Der Wortbestandteil „neu-ro" bezieht sich auf den Umstand, dass jedes menschliche Verhaltensmuster letztlich auf neurologischen Prozessen beruht. Diese Muster sind gleichsam „linguistisch" codiert und somit in der Wörtersprache und in der Sprache des Nervensystems verfügbar. Schließlich gibt es Möglichkeiten, die vorhandenen Muster zu verändern oder auch neue Muster zu installieren, also zu „pro-grammieren" (s. Dilts u. a. 1989; Stahl 1993).

Neuro	Jedes Verhaltensmuster beruht auf neurologischen Prozessen.
Linguistisches	Diese Muster sind in der Wörtersprache und in der Sprache des Nervensystems verfügbar.
Programmieren	Diese Muster sind auf verschiedene Weise veränderbar.

Zu den Problemen einer präzisen Charakterisierung dessen, was NLP ausmacht, gehört auch, dass die Nutzung von NLP längst nicht mehr nur auf den therapeutischen Bereich begrenzt ist. Verkaufs- und Managementtrainer, professionelle Bera-

ter und andere Kommunikatoren wenden NLP ebenso an wie Lehrer und Ausbilder. So gilt NLP inzwischen sehr weit reichend und damit unspezifisch als „ein explizites und leistungsfähiges Modell menschlicher Erfahrung und Kommunikation." (Stevens 1994)

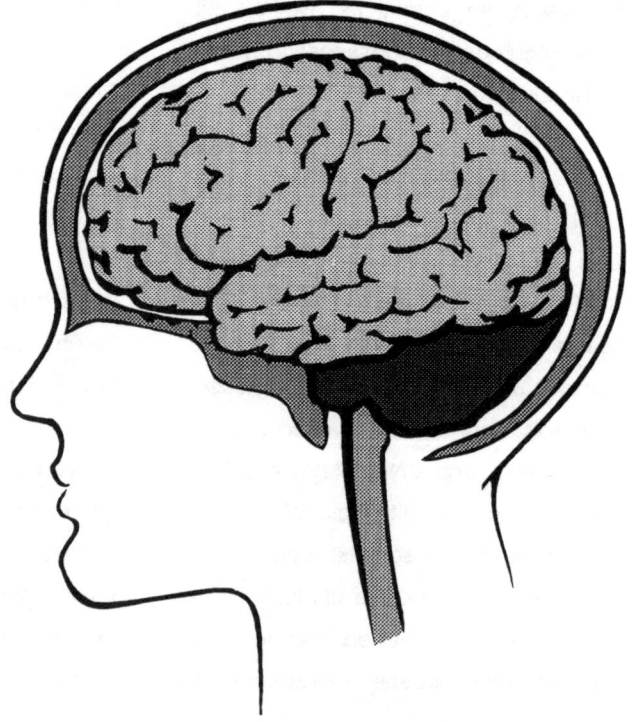

Bandler (1992, 19) rückt das NLP in einen im weitesten Sinne pädagogischen Kontext und betont denn auch als „ein wesentliches Charakteristikum des NLP [...] eine bestimmte Art und Weise, menschliches Lernen zu betrach-

ten. Statt von Therapie zu sprechen sei es „angemessener [...], NLP als lernpädago-
gischen Prozess zu bezeichnen. Im Grunde genommen entwickeln wir Methoden,
um Menschen beizubringen, wie sie ihr eigenes Gehirn nutzen können." Dabei werden durch NLP im allgemeinen keine neuen Techniken kreiert, sondern solche, die
im Alltag weitgehend unbewusst ablaufen, dem Bewusstsein zugänglich gemacht,
um auf diesem Wege gezielte Veränderungen des subjektiven Erlebens zu ermöglichen.

NLP stellt eine Reihe von Möglichkeiten bereit, die angedeuteten Schwierigkeiten der
Lehrerinnen und Lehrer zu beheben. Man kann mit NLP beispielsweise seine inneren
Zustände verändern, Gefühle an- oder abschalten, Stressreaktionen beseitigen oder
ihnen vorbeugen, seine Motivation steigern und seine persönliche Lebensgeschichte
neu schreiben; man kann damit entscheidungsfreudiger werden, sein Lehr- und
Lernverhalten optimieren, positive Ressourcen jederzeit verfügbar machen, Ängste
überwinden oder sein Selbstbild verbessern .....; und nicht zuletzt kann NLP auch im
Alltag dazu dienen, im Verlauf von Gesprächen problemloser an jene Informationen
heranzukommen, die der Kommunikationspartner – bewusst oder unbewusst –
auslässt oder verzerrt.

Was bringt Ihnen das Buch
„Fast wie ein Wunder ..."?

Fast wie ein Wunder – Die NLP-Tricks für erfolgreiche Lehrerinnen und Lehrer stellt
für eine Reihe typischer Schulsituationen NLP-Techniken bereit, die dem Lehrer
helfen können, mit dem jeweiligen Problem leichter fertig zu werden. *Fast wie ein
Wunder ...* enthält *neun* thematische Kapitel, die jeweils in vier Teile gegliedert werden:

- Zunächst wird eine typische Problem-Situation geschildert, die Lehrern im Schulalltag begegnen kann. Dabei werden sowohl Unterrichtssituationen als auch Erfahrungen im außerunterrichtlichen Bereich berücksichtigt.

- Der zweite Teil enthält einige Fragen, mit denen Sie sich zunächst selbst genauer in die dargestellte Problem-Situation eindenken und einarbeiten können.

- Danach wird die beschriebene Situation unter Beachtung der psychosozialen Dimension gedeutet.

- Im vierten Schritt lernen Sie Übungen aus dem NLP kennen, mit deren Hilfe Sie die problematische Situation angehen können. Die Übungen sind so aufbereitet, dass man sie sowohl im Selbst-Management als auch als Partner-Übung durchführen kann.

2.

Claudia

hat Angst

„Was in unserem Gehirn vor sich geht,

beruht auf einem Spiel mit den

unterschiedlichen Formen

der Informationen,

die über unsere Sinneskanäle

zu uns gelangen."

(Alexa Mohl)

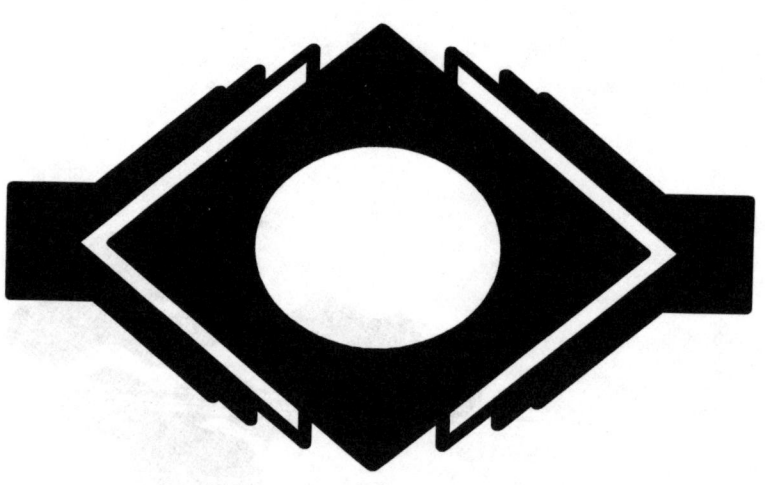

Die Situation

Viele Lehrer haben diese Erfahrung: Da gibt es Schüler, die im Unterricht immer interessiert sind, die sich aktiv beteiligen und deren Leistungen nur positiv zu bewerten sind. Claudia ist solch eine Schülerin. Ihre Mitarbeit ist herausragend und ihre Lehrer halten sie für sehr intelligent.

Doch da gibt es ein Problem: In Klassenarbeiten stürzen Claudias Noten immer mal wieder ab. Claudia kennt den Stoff gut, der in den Arbeiten abgefragt wird, und sie hat damit eigentlich ja keine Schwierigkeiten. Dies zeigt sie schließlich im Unterricht, wo ihr der Stoff nur so zufällt.

Eltern und Lehrer sind sich unschlüssig und sind zugleich besorgt: Was geht hier vor? Weshalb bringt Claudia in den Arbeiten nicht die Leistung, die sie im mündlichen Unterricht zu bringen vermag? Sollte sie vielleicht für die Arbeiten doch nicht intensiv genug gelernt haben? Natürlich war das die erste Vermutung. Aber schon nach kurzer Prüfung stellte sich heraus: Das ist nicht das Problem. Im Gegenteil: Claudia lernt vor den Arbeiten mehr, als es bei ihrem Leistungsvermögen nötig wäre.

Claudias Klassenlehrer hat dann vorgeschlagen, Claudia zum Beratungslehrer zu schicken. Claudia war mit dieser Maßnahme einverstanden. Die Gespräche mit dem Beratungslehrer brachten folgendes

Das Syndrom

Ergebnis: Claudia fühlt sich während der Arbeiten sehr unwohl; sie spürt, wie ihr Körper ihr nicht mehr so gehorcht wie sonst. Sie bekommt dann oft Kopfschmerzen und sie merkt auch, dass ihr Herz manchmal wie wild zu schlagen beginnt. In solchen Situationen kann sie sich nicht mehr richtig konzentrieren. Das Resultat: Das Ergebnis der Klassenarbeit wird schlecht.

Was kann man hier tun, wenn man erkennt: Man muss eingreifen, um größeren Schaden zu vermeiden?

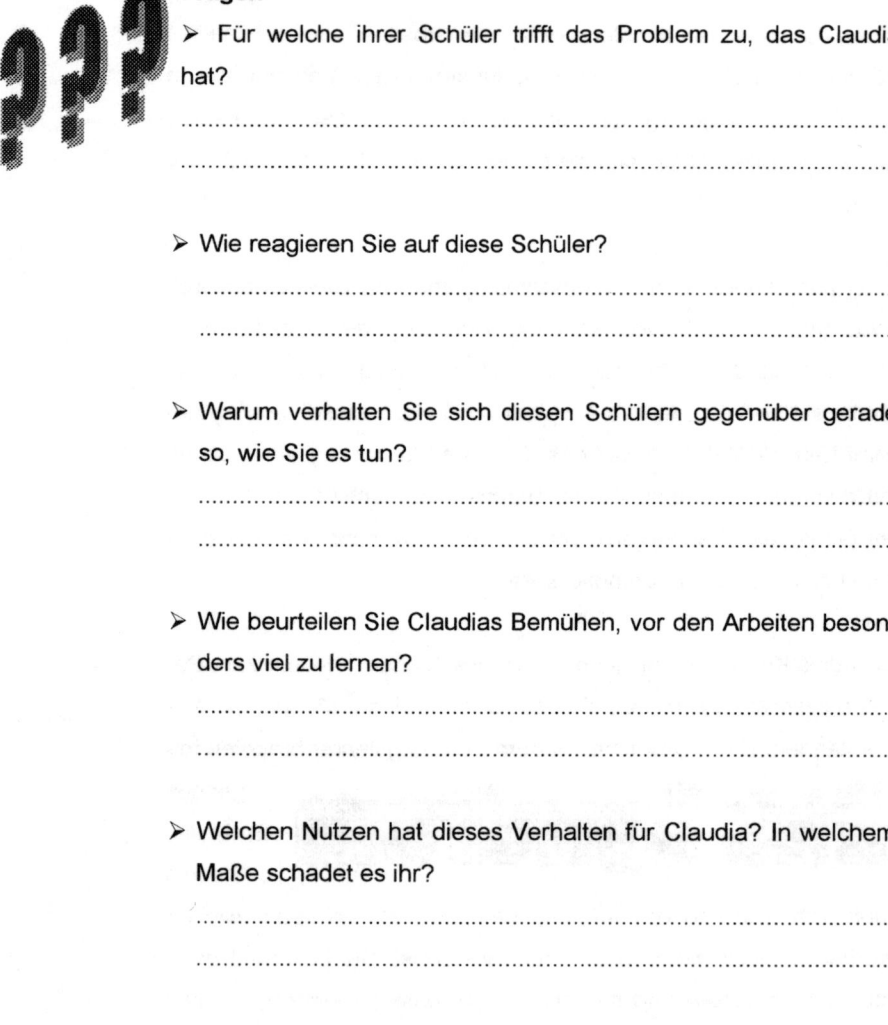

Fragen

➢ Für welche ihrer Schüler trifft das Problem zu, das Claudia hat?

....

....

➢ Wie reagieren Sie auf diese Schüler?

....

....

➢ Warum verhalten Sie sich diesen Schülern gegenüber gerade so, wie Sie es tun?

....

....

➢ Wie beurteilen Sie Claudias Bemühen, vor den Arbeiten besonders viel zu lernen?

....

....

➢ Welchen Nutzen hat dieses Verhalten für Claudia? In welchem Maße schadet es ihr?

....

....

➢ Wie genau kommen Claudias Misserfolge in den Arbeiten zustande?

....

....

➢ Welche Rolle könnten die Schule und das Elternhaus beim Zu-
standekommen von Claudias Problem haben? Wie kommen Sie
zu Ihren Überlegungen?

....

....

➢ Was würden Sie Claudia raten zu tun? Warum?

....

....

➢ Was könnten Sie als Lehrer tun, um Claudia zu helfen?

....

....

➢ Weshalb erscheinen Ihnen gerade diese Maßnahmen so sinnvoll?

....

....

Die Deutung

Claudia hat Angst vor den Klassenarbeiten sie fühlt sich in der
Situation überfordert und versagt. Angst kann man hinsichtlich der
damit verbundenen physiologischen Begleiterscheinungen den
Stressreaktionen zuordnen. Herzjagen, Pulsbeschleunigung, höhere Atemfrequenz und vermehrte Adrenalinausschüttung sind
ebenso typische Angst-Symptome wie die affektiven Komponen-
ten Nervosität, Aggressivität und Schwindel und kognitive Aspekte
wie Unkonzentriertheit, Vergesslichkeit oder Leistungsschwäche.

Vom Ereignis zur Handlung
(vernetzt)

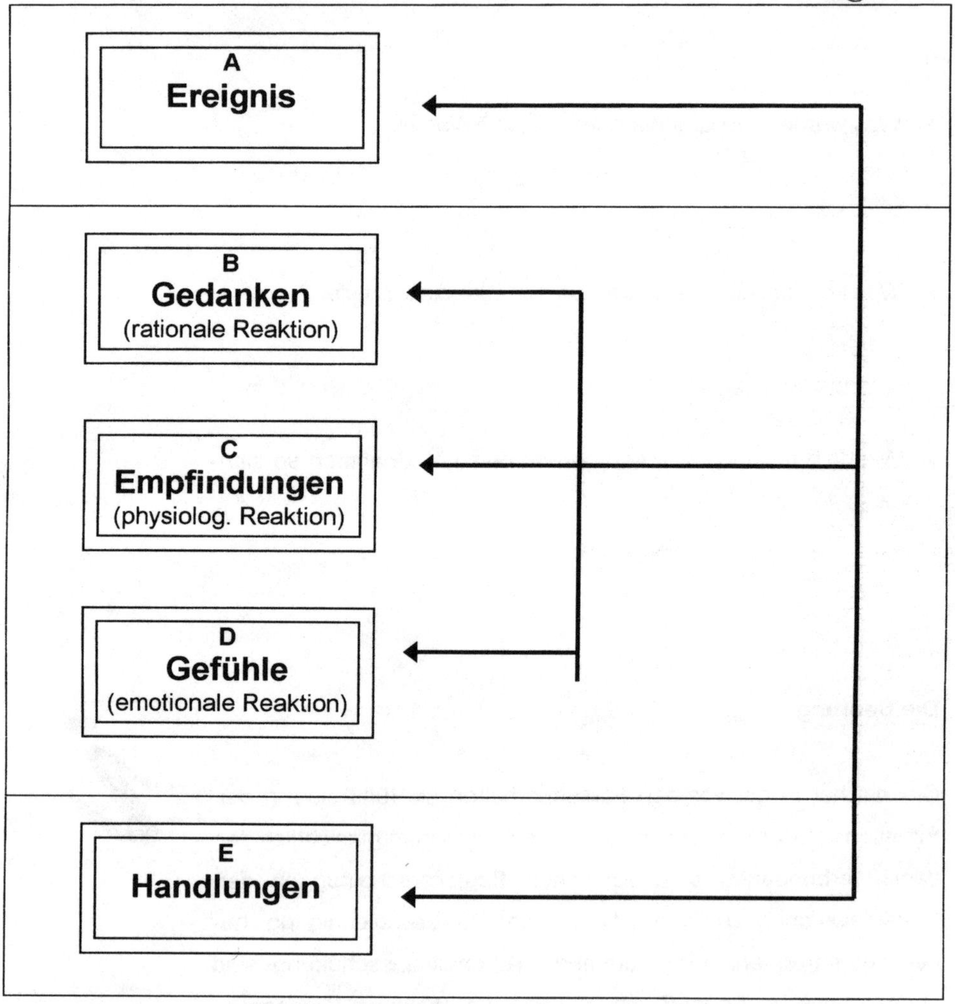

A
Ereignis

B
Gedanken
(rationale Reaktion)

C
Empfindungen
(physiolog. Reaktion)

D
Gefühle
(emotionale Reaktion)

E
Handlungen

Abbildung: Angst-Mechanismus

Auch der bei einem Menschen auftretende Angst-Mechanismus entspricht dem bei Stress: Das die Angst auslösende Ereignis, beispielsweise eine Klassenarbeit; wird auf verschiedenen Ebenen interpretiert. Der betreffende Mensch macht sich Gedanken zu dem Ereignis. Solche Gedanken können zum Beispiel sein „Die Arbeit werde ich bestimmt wieder schlecht schreiben. Das wird eine Katastrophe. Das kann nur schief gehen!" Gedanken dieser Art sind stets mit den bereits erwähnten ungünstigen Körperreaktionen verknüpft und werden auf der emotionalen Ebene als Angst erlebt. Die Gedanken, die körperlichen Reaktionen und die Gefühlserfahrungen sind miteinander vernetzt und beeinflussen sich gegenseitig. So kommt es, dass in einer konkreten Situation die Angst oft immer stärker wird, obgleich der äußere Reiz sich nicht verändert. Ein Teufelskreis der Angst beginnt. Der betroffene Mensch erlebt sich als Opfer von Umständen, die er nicht mehr zu beeinflussen vermag.

Wie kann man Claudia helfen?

◆ Claudia muss kurzfristig lernen, sich von ihrer inneren Angst zu distanzieren und sie mit anderen Augen zu sehen, um so einen Teil ihrer Leistungsfähigkeit wieder zu erlangen.

◆ Claudia muss mittelfristig lernen, die Angst völlig auszuschalten, die sie jetzt noch mit der Prüfungssituation „Klassenarbeit" verbindet, um so ihre volle Leistungsfähigkeiten zu bekommen.

◆ Claudia muss langfristig lernen, Prüfungssituationen jeder Art als eine Art positiver Herausforderung zu erleben, die ihr auf dem Weg zu einer reifen Persönlichkeit nur nutzen können.

Die Intervention

Als Hilfe zum Erreichen des kurzfristigen und mittelfristigen Ziels können die beiden folgenden Übungen dienen:

1. Übung: Ängste ablegen

1. Schritt: Entspannen

☐ Schließe die Augen und nimm deinen Körper bewusst wahr.

☐ Atme einige Male kräftig ein und langsam durch den Mund wieder aus.

☐ Entspanne dich.

2. Schritt: Angstsituation als Beobachter vorstellen

☐ Stelle dir eine Situation vor, die für dich mit Angst verbunden war oder sein wird.

☐ Nutze ein aktuelles Angstereignis (⇨ schwierig!).

☐ Lass die Situation wie einen Film vor dir ablaufen. Du sitzt im Kino und schaust zu. Du kannst dich selbst in diesem Film sehen. Du bist der Hauptdarsteller.

☐ Überprüfe, was du als Beobachter dieses Films siehst, hörst, riechst, schmeckst und wie du dich fühlst. Mache dir klar, was du wo in deinem Körper wie intensiv spürst. Wo sitzt die Angst? Beantworte dir dazu im Geiste die folgenden Fragen:

- Was siehst du jetzt?
- Ist es ein Film oder ein Bild?
- Ist es farbig oder schwarzweiß?
- Ist es eher hell oder eher dunkel?
- Eher scharf oder eher unscharf?
- Was hörst du jetzt?
- Sind es Stimmen, Geräusche, Musik ......?
- Wie laut ist es?
- Ist das Ganze stereo oder mono?
- Aus welcher Richtung kommen die Geräusche?
- Was fühlst du jetzt?

- Wo in deinem Körper ist das Gefühl?
- Wandert das Gefühl in deinem Körper?
- Ist es andauernd da?
- Wie intensiv ist das Gefühl?
- Was gibt es jetzt zu schmecken?
- Was kannst du riechen?

3. Schritt: Angstsituation als beobachtender Beobachter vorstellen

☐ Schwebe nun aus deinem Körper als Beobachter heraus. Begib dich in den Vorführraum des Kinos. Du kannst dich von dort jetzt zweimal sehen: Wenn du nach unten schaust, siehst du dich da unten im Kino sitzen. Wenn du nach vorn auf die Leinwand blickst, siehst du dort immer noch den Film mit dem (vergangenen, zukünftigen oder aktuellen) Angst-Ereignis.

☐ Wie fühlst du dich jetzt? Wie haben sich deine Empfindungen und Einstellungen gegenüber dem Ereignis verändert? Was ist mit der Angst? Wenn du dich noch nicht wohl fühlst, wiederhole den letzten Schritt der Übung.

4. Schritt: Entfernung vergrößern

☐ Mache nun den Abstand zur Kinoleinwand größer.

☐ Wie fühlst du dich jetzt? Was ist mit der Angst?

5. Schritt: Rahmen geben

☐ Gib dem Film auf der Leinwand einen weißen Rahmen.

☐ Was macht das mit deiner Angst? Wie fühlst du dich jetzt? Was hat sich geändert?

6. Schritt: Glasscheibe herunterlassen

☐ Lass jetzt zwischen dir und der Leinwand eine mindestens 50 Zentimeter dicke, aber durchsichtige Glasscheibe herunter.

☐ Was ändert das an deiner Angst? Wie fühlst du dich jetzt?

7. Schritt: Zurückkommen

☐ Komme in das Hier und Jetzt zurück.

☐ Atme ein-, zweimal kräftig ein und aus.

☐ Öffne die Augen.

2. Übung: Ängste löschen

1. Schritt: Entspannen

☐ Schließe die Augen und nimm deinen Körper bewusst wahr.

☐ Atme einige Male kräftig ein und langsam durch den Mund wieder aus.

☐ Entspanne dich.

2. Schritt: Unangenehme Erinnerung dissoziiert als Bild anschauen

☐ Erinnere dich an ein Ereignis in deinem Leben, das du mit mittelstarken bis starken Angstgefühlen verbindest.

☐ Mache dir ein Bild von diesem Ereignis.

☐ Setze dich in dein Lieblingskino und schaue dir das Bild dissoziiert auf der Kinoleinwand an.

☐ Beantworte dir jetzt im Geiste die folgenden Fragen:

- Was siehst du jetzt?
- Ist es ein Film oder ein Bild?
- Ist es farbig oder schwarzweiß?
- Ist es eher hell oder eher dunkel?
- Eher scharf oder eher unscharf?
- Was hörst du jetzt?
- Sind es Stimmen, Geräusche, Musik ......?
- Wie laut ist es?
- Ist das Ganze stereo oder mono?

- Aus welcher Richtung kommen die Geräusche?
- Was fühlst du jetzt?
- Wo in deinem Körper ist das Gefühl?
- Wandert das Gefühl in deinem Körper?
- Ist es andauernd da?
- Wie intensiv ist das Gefühl?
- Was gibt es jetzt zu schmecken?
- Was kannst du riechen?

3. Schritt: Doppelt dissoziieren

☐ Schwebe nun aus deinem Körper als Kinozuschauer heraus nach oben in den Vorführraum des Kinos: du kannst dich jetzt zweimal sehen: Einmal wie du da unten im Zuschauerraum des Kinos sitzt, und zum anderen auf der Leinwand in dem Bild von dem Ereignis, das bei dir die Angst auslöst.

4. Schritt: Erinnerung doppelt dissoziiert als Film anschauen

☐ Mache aus dem Bild auf der Leinwand einen Film.

☐ Lass den Film bis an den Punkt deiner Erinnerung zurücklaufen, der unmittelbar vor dem unangenehmen Erlebnis liegt.

☐ Sieh dir dann den Film in schwarzweiß an, bis du an jene Stelle kommst, an der du weißt, dass die Angst vorbei ist.

☐ Halte den Film da an und sieh auf das letzte Bild.

5. Schritt: Mit der Erinnerung assoziieren und schneller Rücklauf

☐ Springe in das letzte Bild deines Films hinein, genau an die Stelle, an der du dich siehst.

☐ Mache deine Erinnerung jetzt farbig.

☐ Lass dann den Film, so schnell du kannst, mit dir zusammen bis an den Anfang rückwärts ablaufen, so dass du aus deinen eigenen Augen heraus alles rückwärts siehst, was damals geschah.

☐ Halte den Film dann wieder an.

6. Schritt: Wiederholung

☐ Komme aus dem ersten Bild des Films heraus.

☐ Mache das Bild jetzt wieder schwarzweiß.

☐ Und lass den Film dann wieder bis ans Ende vorwärts laufen.

☐ Wiederhole den Vorgang aus Schritt 3 mehrfach. Wo ist deine
   Angst jetzt?

7. Schritt: Test und Überbrücken in die Zukunft

☐ Suche dir aus deiner Zukunft andere Problemsituationen, in denen die Angst wieder auftauchen könnte.

☐ Schaue dir die Situationen nacheinander zunächst doppelt dissoziiert, dann einfach dissoziiert auf der Leinwand an.

☐ Wenn du dich dabei gut fühlst, springe in die Erinnerung hinein
   und durchlebe sie von innen.

8. Schritt: Zurückkommen

☐ Komme in das Hier und Jetzt zurück.

☐ Atme ein-, zweimal kräftig ein und aus.

☐ Öffne die Augen.

3.

Peter

ist aggressiv

„Viele Menschen werfen NLP vor,

technologisch zu sein,

im Sinne von kalt und gefühllos.

Dieselben Leute sind jedoch froh,

ihre Häuser mit Zentralheizungen

beheizen zu können, anstelle der

rauchigen Feuerstellen,

die ihre Ahnen benutzten."

(Connirae & Steve Andreas)

Die Situation

Peter ist 15 Jahre alt; er ist ein Junge, der fast jedem Lehrer sofort auffällt: Peter kann nicht still sitzen, kann sich nur selten und dann nur für kurze Zeit konzentrieren. Und Peter hat Probleme, sein Verhalten zu kontrollieren, wenn er von seinen Mitschülern „angemacht" wird.

Eine Situation von vielen: Peter hat eine handgreifliche Auseinandersetzung mit Olivia. Die beiden haben sich geschlagen; dabei hat sich Olivia leicht am Kopf verletzt. Was war geschehen? Olivia hatte Peter wieder einmal mit seinem Spitznamen „Rolli" gehänselt und damit auf Peters Leibesfülle angespielt. Peter kennt das; schon seit der Grundschule haben ihn seine Mitschülerinnen und Mitschüler damit aufgezogen, einfach ein paar Pfund mehr zu wiegen als der Durchschnitt. Dabei ist Peter durchaus sportlich und kann sich besser bewegen als mancher, der dem aktuellen Schönheitsideal entspricht.

Doch Peter ist unglücklich über die dauernde Hänselei; es nervt ihn und er fühlt sich dadurch als Außenseiter. Auch Gespräche mit dem Klassenlehrer haben nicht dazu geführt, das Problem abzustellen. Die Mitschüler machen einfach weiter. Spricht man Peter auf sein aggressives Verhalten Olivia gegenüber an, reagiert er zunächst sauer: „Die hat wieder meinen Spitznamen an die Tafel geschrieben. Das mag ich einfach nicht. Die ist doch selber schuld, wenn sie dann eine abkriegt."

Im weiteren Verlauf solcher Gespräche ändert sich Peters Stimmung dann oft schlagartig: Ist er zunächst wütend, zeigt er sich dann plötzlich extrem sensibel; er fängt an zu weinen und beklagt sich unter Tränen: „Die verstehen mich alle nicht; das ist schon seit der Grundschule so. Ich möchte doch auch dazu gehören."

Die Lehrer haben ihre Schwierigkeiten mit solchen Situationen. Was sollen sie tun? Sie bemühen sich darum, einen Ausgleich zwischen Peter und Olivia herzustellen, versuchen zu erreichen, dass sich die beiden gegenseitig entschuldigen und versprechen, dass sie in Zukunft untereinander Frieden halten werden. Die Erfahrung zeigt aber, dass dies dann nicht von langer Dauer ist. Immer wieder hört man, dass Peter durch gewalttätiges Verhalten auffällt.

Auch das Gespräch mit Peters Eltern hat wenig weiter geführt. Peters Eltern können nicht verstehen, dass Peter sich in der Schule so aggressiv verhält. Zuhause sei dies ganz anders; Peter habe noch einen älteren Bruder, mit dem er sich außerordentlich gut verstehe. Die beiden seien ein Herz und eine Seele; Streit gebe es unter den beiden eigentlich nie. „Vielleicht liegt es doch an der Klassengemeinschaft", mutmaßen die Eltern, die auch keinen Rat wissen.

Fragen

➢ Wie glaubwürdig erscheinen Ihnen Peters Eltern?

....

....

➢ Wie schätzen Sie die Situation in Peters Elternhaus ein?

....

....

➢ Welche Rolle spielen Peters Mitschüler bei der Sache?

....

....

➢ Welche Wirkung hat die Hänselei auf Peter?

....

....

➢ Wie kommt es dann wohl bei Peter zu den aggressiven Ausbrüchen?

....

....

➢ Wie erklären Sie sich den raschen Stimmungsumschwung bei Peter: zunächst wütend, dann traurig?

....

....

➢ Wie verändert die Situation Peters Selbstbild?

....

....

➢ Welche Maßnahmen erscheinen Ihnen jetzt geeignet?

....

....

➢ An welchen Stellen würden Sie Ninas Eltern mit in den Prozess einbeziehen?

....

....

Die Deutung

Peter fühlt sich durch das Verhalten seiner Mitschüler offenbar in die Enge getrieben: Er möchte „dazu gehören", dies gelingt ihm aber nicht ohne weiteres. Die Mitschüler grenzen ihn vielmehr aus, indem sie Peter mit seinem Spitznamen rufen und so Spaß daran

haben, ihn auf 180 zu bringen.

In solchen Situationen versucht Peter dann sein Selbstbewusst-
sein zu retten, indem er zuschlägt. Auf diese Weise kann er der
Sieger bleiben, während alle anderen Versuche, sich mit der
Gruppe zu arrangieren bisher fehlgeschlagen sind.

Vor diesem Hintergrund erklärt sich auch Peters rascher Stimmungsumschwung, wenn er auf die Problemsituation hin angesprochen wird. Die erste Reaktion ist Wut; sie resultiert aus seinem Selbstverständnis sich wehren zu müssen. Im zweiten Zugriff
aber merkt Peter sehr wohl, dass sein Verhalten inakzeptabel ist,
und er spürt instinktiv, dass er damit sein Ziel nicht erreichen
kann, von seinen Mitschülern stärker akzeptiert zu werden. Diese
Erfahrung wiederum macht Peter dann so traurig, dass er sogar
zu weinen beginnt.

Wie kann man Peter helfen?
◆ Peter muss kurzfristig lernen zu durchschauen, in welchem
   Maß sein aggressives Verhalten durch seinen Wunsch begrün-
   det ist, von seinen Mitschüler akzeptiert zu werden.
◆ Peter muss mittelfristig lernen, den Mechanismus zu verstehen,
   der bei ihm in einer konkreten Situation zu den aggressiven Im-
   pulsen führt.
◆ Peter muss langfristig lernen, die aggressiven Impulse durch
   ein geeignetes Umlernen zu kontrollieren..

Die Intervention

Sie können die folgende Übung mit Peter durchführen, um dem langfri-
stigen Ziel näher zu kommen:

1. Schritt: Problemsituation dissoziiert erinnern

O Schließe die Augen. Erinnere dich an eine Situation, in der du
aggressiv reagiert hast. Erlebe die Situation wie einen Film, in
dem du mitspielst und den du auf einer Leinwand im Kino sehen kannst.

Beantworte dir jetzt im Geiste folgende Fragen:

- Was siehst du jetzt?
- Ist es ein Film oder ein Bild?
- Ist es farbig oder schwarzweiß?
- Ist es eher hell oder eher dunkel?
- Eher scharf oder eher unscharf?
- Was hörst du jetzt?
- Sind es Stimmen, Geräusche, Musik ......?
- Wie laut ist es?
- Ist das Ganze stereo oder mono?
- Aus welcher Richtung kommen die Geräusche?
- Was fühlst du jetzt?
- Wo in deinem Körper ist das Gefühl?
- Wandert das Gefühl in deinem Körper?
- Ist es andauernd da?
- Wie intensiv ist das Gefühl?
- Was gibt es jetzt zu schmecken?
- Was kannst du riechen?

**2. Schritt: Assoziieren, auslösende Gedanken finden und
identifizieren**

O Lass den Film jetzt zurücklaufen bis an den Punkt, kurz bevor
du aggressiv reagierst. Spring In den Film hinein. Lass deinen
inneren Film nun ganz langsam weiterlaufen und halte ihn sofort an, sobald du in deinem Kopf etwas hörst, sobald dir Gedanken durch den Kopf schießen ... Welche Gedanken hast du
jetzt?

⇨ Notieren Sie die Gedanken!

....
....
....
....

3. Schritt: Seperator-State und Kurzreframing

O Komm hierher zurück!

O Überlege, in welchen Kontexten du auch in Zukunft aggressiv reagieren möchtest. (Er)finde mindestens drei!

....
....
....
....

4. Schritt: Gedanken-Analyse

⇨ Stelle fest, welche der Gedanken aus Schritt 2 dein Aggressionsverhalten auslösen und schreibe sie auf.

....
....
....
....

⇨ Entwickle alternative Gedanken, die dir in der Situation helfen können, gelassen zu reagieren.

....
....
....
....

5. Schritt: Verträglichkeit prüfen

O Nimm an, du würdest in Situationen wie (Merkmale aus der Problemsituation benennen) nicht mehr denken ... (Aggression auslösende Gedanken nennen) und statt dessen denken ... (ers ten alternativen Gedanken formulieren). Was könntest du gegen eine solche Veränderung einwenden?

....

....

....

....

⇨ Bearbeiten Sie die Einwände, bis es keine Probleme mehr gibt!

⇨ Verfahren Sie entsprechend mit jedem der in Schritt 4 neu entwickelten Gedanken.

6. Schritt: Gedanken tauschen

○ Geh jetzt wieder in deine Problemsituation hinein, genau an die Stelle, an der du vorhin deine ungünstigen Gedanken hast hören können. Wenn du genau hinschaust, wirst du da einen CD-Spieler sehen. Auf der Platte in dem CD-Spieler sind all deine unvorteilhaften Gedanken gespeichert. Hole jetzt die Platte aus dem CD-Spieler; nimm sie in beide Hände und brich sie jetzt – Knack!! – in der Mitte durch. Siehst du, die Platte ist jetzt unbrauchbar, du wirst sie nie wieder hören können. Du brauchst sie jetzt nicht mehr. Nimm die Teile und wirf sie – jetzt! – einfach hinter dich!

○ Wenn du jetzt in deinem Blickfeld nach links oben schaust, dann siehst du da eine neue, bunte CD; auf ihr sind alle deine neuen Gedanken. Du erinnerst dich, dass du denken wolltest ... (neue Gedanken wiederholen) du kannst dies sofort prüfen: Nimm diese bunte CD und schiebe sie in den CD-Player; drükke auf die Start-Taste. Nun hörst du all diese Gedanken, nicht wahr? (Pause) du kannst sie lauter oder leiser hören, wenn du den Lautstärkeknopf drehst.

○ Lass jetzt deinen inneren Film von der Situation damals langsam weiterlaufen. Höre dabei auf deine neuen Gedanken! (Pause) Wie verhältst du dich?

⇨ Hinweis: Wird das aggressive Verhalten auch nach mehrfacher Wiederholung des dritten Teils von Schritt 6 nicht unterbunden, unterbrechen Sie den Prozess und beginnen Sie von vorn.

7. Schritt: Überbrücken in die Zukunft

○ Wann wirst du in Zukunft wieder einmal in eine Situation wie deine Problemsituation geraten? Mache dir einen Film von dieser Situation und erlebe die Szene assoziiert. Frage dich:

- Was siehst du jetzt?
- Ist es ein Film oder ein Bild?
- Ist es farbig oder schwarzweiß?
- Ist es eher hell oder eher dunkel?
- Eher scharf oder eher unscharf?
- Was hörst du jetzt?
- Sind es Stimmen, Geräusche, Musik ......?
- Wie laut ist es?
- Ist das Ganze stereo oder mono?
- Aus welcher Richtung kommen die Geräusche?
- Was fühlst du jetzt?
- Wo in deinem Körper ist das Gefühl?
- Wandert das Gefühl in deinem Körper?
- Ist es andauernd da?
- Wie intensiv ist das Gefühl?
- Was gibt es jetzt zu schmecken?
- Was kannst du riechen?

(Pause) Wie wirst du dich verhalten?

⇨ Hinweis: Klappt das Überbrücken in die Zukunft nicht, gehen Sie mindestens zu Schritt 4 zurück!

4.

Nadine

stört

„Das wird ‚Reframing' genannt:

man wechselt den Rahmen,

in dem ein Mensch Ereignisse wahrnimmt,

um die Bedeutung zu verändern."

(Richard Bandler & John Grinder)

Die Situation

Natürlich haben Sie auch Erfahrungen mit schwierigen Schülerinnen und Schülern: Da ist Petra, die es nicht schafft, zur ersten Stunde pünktlich zu erscheinen; oder Georg, der während des Unterrichts immer wieder Streit mit seinem Tischnachbarn anfängt.

Auch Nadine stört seit einiger Zeit auffallend häufig das Unterrichtsgespräch,

Schwierige Schüler

indem sie mit ihrer Freundin die gemeinsamen Erfahrungen des Vortags austauscht. Und auch Oliver ist nicht zu vergessen: Er fällt durch aggressives Verhalten auf; mehrfach ist es in den letzten Wochen auf dem Schulhof zu Prügeleien gekommen, an denen Oliver beteiligt war.

Wahrscheinlich fallen Ihnen bei genauerem Überlegen noch einige andere auffällige Schüler ein, die Ihnen manchmal oder auch oft das Leben schwer machen. Und selbstverständlich haben Sie schon so manches unternommen, um die Problem- und Störsituationen zu beheben: Petra haben Sie schon mehrfach auf ihre Unpünktlichkeit angesprochen, sie gebeten früher aufzustehen, um rechtzeitig zur ersten Unterrichtsstunde erscheinen zu können. Als das nicht half, haben Sie Petra immer dann Stundenprotokolle schreiben lassen, wenn Sie zu spät kam. Gefruchtet hat das alles auf Dauer genau so wenig wie Ihr Bemühen, Georg, Nadine und Oliver durch eindringliche Gespräche und Appelle davon abzubringen, ihr störendes Verhalten fortzusetzen.

Vielleicht haben Sie inzwischen auch an Ihren Fähigkeiten als Lehrerin und Erzieherin gezweifelt: Eine gute Lehrerin muss das

doch schaffen, sie muss doch in der Lage sein, einen störungs-
freien Unterricht abzuhalten, und als Erzieherin muss sie fähig
sein, das Verhalten von Schülern so zu beeinflussen, dass die Jugendlichen pünktlich zum Unterricht erscheinen, dass sie dem
Unterricht aufmerksam folgen und ihre Konflikte gewaltfrei lösen.
Vielleicht ist Ihr Selbstbild schon arg ins Wanken geraten, als Sie
sich Ihrer ganzen Hilflosigkeit bestimmten Schülerinnen und
Schülern gegenüber erst einmal bewusst geworden sind.

Man kann als Lehrerin schon verzweifeln, wenn man so hohe An-

Gestresste Lehrerinnen

sprüche an sich stellt und immer wieder in Situationen gerät, in
denen man diesen Ansprüchen einfach nicht gerecht werden
kann. Aus verschiedenen Untersuchungen weiß man, dass gerade
die Lehrerinnen besonders stressgefährdet sind, deren Anspruch
an sich selbst besonders hoch ist. Dass besonders Lehrerinnen
mit hohem Selbstanspruch hohen Belastungen ausgesetzt sind, ist
leicht zu erklären: Gerade sie bemerken die Diskrepanz zwischen
dem von ihnen angestrebten Soll-Zustand und dem tatsächlich
Machbaren, dem Ist-Zustand, intensiver als jene Kolleginnen, deren Anspruch an ihre pädagogische Arbeit niedriger ist.

So entsteht bei den engagierten Kolleginnen ein ständiges Bemühen, Ist- und Soll-Zustand besser in Einklang zu bringen und damit
die erkennbaren Defizite beispielsweise im Schülerverhalten zu
verringern. Da dies aber immer wieder von Rückschlägen begleitet
ist, sind viele Kolleginnen letztlich frustriert und resignieren am
Ende vor den Umständen: *„Da kann man halt nichts machen! Wir
haben doch schon alles versucht."*

Doch was bleibt in einer solchen Situation übrig, außer zu resignieren oder gleichgültig zu werden? Was kann man tun, wenn bei

Schülern Appelle nicht mehr helfen und man zugleich erkennt, dass man eingreifen muss, um größeren Schaden zu vermeiden?

Fragen

➤ Wie verhalten Sie sich aggressiven Schülern gegenüber?

....

....

➤ Wie begründen Sie Ihre Maßnahmen?

....

....

➤ Wie verhalten Sie sich gegenüber unpünktlichen Schülern?

....

....

➤ Wie begründen Sie Ihr Vorgehen?

....

....

➤ Was glauben Sie: weshalb stören Schüler Unterricht? Nennen Sie mögliche Ursachen.

....

....

➤ Welche Gründe könnten Sie akzeptieren, welche nicht? Warum?

....

....

➤ Weshalb stören Schüler wohl Ihren Unterricht?

....

....

➤ Welche Gründe könnten Sie akzeptieren, welche nicht? Warum?

....

....

➤ Wie verhalten Sie sich gegenüber Schülern, die im Unterricht wiederholt stören?

....

....

➤ Wie begründen Sie Ihr Verhalten störenden Schülern gegenüber?

....

....

➤ Was genau wollen Sie durch Ihr Verhalten gegenüber störenden Schülern erreichen? Nennen Sie Ihre Ziele.

....

....

➤ Wie wichtig sind Ihnen diese Ziele? Könnten Sie auf das Erreichen des einen oder anderen Ziels verzichten? Unter welchen Bedingungen wäre dies für Sie möglich?

....

....

Die Deutung

Jede Intervention bei aggressiven oder störenden Schülern hat nur einen Sinn: Der Lehrer möchte das Verhalten der betreffenden Schüler in eine von ihm gewünschte Richtung lenken.

Um zu verstehen, wie man das Verhalten von Menschen ändern kann, muss man zunächst verstehen, weshalb Menschen sich überhaupt so verhalten, wie sie es tun. Menschen

primärer Nutzen

sekundärer Nutzen

verhalten sich nicht einfach willkürlich in einer beliebigen Weise, auch wenn dies für Außenstehende manchmal so erscheinen mag.

Jedes menschliche Verhalten hat unter innerpsychischen Aspekten für die Person einen Sinn: Mindestens in einem Kontext hat jedes Verhalten einen primären Nutzen für die betreffende Person, sonst hätte sie das Verhalten nicht gelernt und würde es nicht anwenden. Darüber hinaus hat manches Verhalten in bestimmten Kontexten einen sekundären Nutzen, der von der Person so groß bewertet wird, dass in derselben Situation auftretende Nachteile dadurch kompensiert werden.

Machen wir uns an einem Beispiel klar, worin der primäre und der sekundäre Nutzen bei einem Störverhalten liegen kann: Nehmen wir Nadine, die sich während des Unterrichts jeweils für ein paar Sätze mal mit diesem und mal mit jenem Mitschüler unterhält. Für Nadine liegt der primäre Nutzen ihres Verhaltens darin, sich ablenken zu können, eine Rückmeldung von ihren Klassenkameraden zu bekommen und dadurch die Belastungen des Unterrichts oder ihre Langeweile zu kompensieren. Allerdings kann sie diesen primären Nutzen während des Unterrichts nicht wirklich auskosten; schließlich ermahnt sie die Lehrerin immer wieder und fordert sie auf, die Seitengespräche zu beenden und statt dessen dem Unterricht zu folgen. Dadurch haben die Gespräche natürlich kaum einen kommunikativen Nutzen.

Doch für Nadine gibt es noch einen sekundären Nutzen in derselben Situation: Die Nebengespräche mit den Mitschülern fallen der
Lehrerin natürlich auf; die Lehrerin fühlt sich dadurch gestört, außerdem behindert Nadines Verhalten den Fortgang des Unterrichts; zudem fühlt sich die Lehrerin dafür verantwortlich, auch
Nadine am Unterrichtsgeschehen zu beteiligen: also wendet sich
die Lehrerin Nadine zu, indem sie sie ermahnt und auffordert, dem
Unterricht zu folgen.

Nadine erfährt also durch ihr Störverhalten Zuwendung durch die
Lehrerin. Diese Zuwendung muss Nadine ziemlich wichtig sein,
sonst würde sie nicht immer wieder das Gespräch mit den Mitschülern suchen und dabei die negative Konsequenz in Kauf
nehmen, von der Lehrerin ermahnt zu werden.

Ein weiterer sekundärer Nutzen könnte für Nadine darin liegen,
auch von ihren Mitschülern und Mitschülerinnen beachtet zu werden, wenn sie im Unterricht immer wieder stört. Vielleicht hat Nadine inzwischen den Ruf, Störerin zu sein. Das Stören gehört
gleichsam zu ihr, wie bei anderen Menschen andere Verhaltensweisen als selbstverständliche Elemente deren Verhaltens erlebt
werden. Vielleicht erfährt Nadine gerade auch darüber Anerkennung von ihren Mitschülern, dass sie stört und sich so „souverän"
über die Anweisungen und Aufforderungen der Lehrerin hinweg-
setzt.

Primärer Nutzen
- **Seiten-Gespräche mit den Mitschülern**

Sekundärer Nutzen
- **Zuwendung durch die Lehrerin**
- **Anerkennung durch die Mitschüler**

Fassen wir zusammen: Für Nadine wäre es also nicht sinnvoll, würde sie ihr Störverhalten aufgeben. Eine Veränderung ihres Verhaltens in Richtung auf das von der Lehrerin gewünschte Verhalten brächte Nadine letztlich nur Nachteile. Der primäre Nutzen, Kontakt mit den Mitschülern aufzunehmen, ginge dann ebenso verloren wie der sekundäre Nutzen: Nadine erführe von ihrer Lehrerin keine Zuwendung mehr in Form von Ansprache und Ermahnung und vielleicht verlöre Nadine sogar die Achtung ihrer Klassenkameraden, wenn sie sich in Zukunft als „braves Mädchen" zeigte.

Was hat Nadine unter dem Strich von ihrem Verhalten? Sie hat Vorteile, die sie nicht aufgeben möchte. Der wesentliche Vorteil liegt darin, von der Lehrerin Zuwendung zu bekommen. Dieser Nutzen ist für Nadine offenbar größer als jener, den sie über die Kurzgespräche mit den Mitschülern erfährt. Denn diese Seitengespräche bringen ihr direkt kaum etwas, da sie dafür zu kurz sind und die Lehrerin sie regelmäßig unterbindet.

Der primäre Nutzen überwiegt für Nadine also nicht; ihr Stör-Verhalten wird vielmehr durch den sekundären Nutzen in Gang gehalten, von der Lehrerin soziale Zuwendung zu erfahren, auch wenn die Zuwendung nur in Ermahnungen besteht und daher „negativ" ist. Darüber hinaus könnte auch die Zuwendung durch die Mitschüler eine Rolle dabei spielen, dass Nadine ihr Verhalten fortsetzt.

Aus dieser Perspektive ist leicht zu erklären, weshalb sich das Verhalten Nadines in Zukunft kaum ändern wird: Weshalb sollte sie ein solches Maß an persönlichem Nutzen aufgeben? Den Nachteil, von der Lehrerin wegen des Störens ermahnt zu werden, nimmt Nadine dabei deshalb billigend in Kauf, weil er ihr gerade den wesentlichen Vorteil verschafft, nämlich die Zuwendung der Lehrerin. Bleibt also die Frage:

Wie kann man Nadine helfen?

◆ Nadine muss kurzfristig lernen, den Mechanismus von primä-
rem und sekundärem Nutzen Ihres Verhaltens zu durchschauen
und nach einer Alternative für den Erwerb des sekundären Nut-
zens zu suchen.

◆ Nadine muss mittelfristig lernen, eine höhere Frustrationstoler-
nanz aufzubauen und so auf den primären Nutzen Ihres bisherigen Verhaltens zu verzichten.

◆ Nadine muss langfristig lernen, auf weiteren Gebieten Möglichkeiten zu erschließen, Anerkennung zu bekommen und so den
sekundären Nutzen ihres bisherigen Verhaltens zu vergrößern.

Die Intervention

Als Hilfe zum Erreichen des kurzfristigen Ziels kann folgende
Übung dienen:

1.Schritt: Problemverhalten „Stören im Unterricht" genau be-
stimmen

Bestimme genau das Verhalten, das du ändern willst! Erinnere auf
möglichst allen Sinneskanälen eine Situation, in der du das Pro-
blemverhalten gezeigt hast, in der du also im Unterricht gestört
hast.

▪ Was genau siehst du jetzt?

▪ Ist es ein Bild oder ein Film?

▪ Ist es eher hell oder eher dunkel?

▪ Bunt oder schwarzweiß?

▪ Scharf oder eher unscharf?

▪ Bist du noch einmal ganz in dem Ereignis drin oder siehst du es
als Zuschauer von außen?

▪ Was hörst du jetzt?

▪ Was genau fühlst du jetzt wo in deinem Körper?

▪ Wie intensiv sind diese Gefühle?

2. Schritt: Absicht und Verhalten trennen

Trenne Absicht und Verhalten! Welche gute Absicht steckt hinter deinen Störungen im Unterricht?

Oder:

Welchen Vorteil könnte ein Schüler haben, der in entsprechenden Situationen im Unterricht stört?

> Die gute Absicht:

3. Schritt: Alternatives Verhalten / Alternative Eigenschaften suchen

Erkläre deine Bereitschaft zur Veränderung und suche nach Ressourcen! Bist du bereit, auch neues Verhalten auszuprobieren, wenn dieses dich auf angenehmere Art und Weise, aber ebenso effektiv zum Ziel bringt wie dein Stör-Verhalten?

Dann:

Hast du schon einmal in einer ähnlichen Situation (1. Schritt) nicht gestört bzw. eine andere Eigenschaft zur Verfügung gehabt und warst damit ebenso erfolgreich wie mit deinen Störungen, bist auf diese Weise aber viel angenehmer zum Ziel gekommen? Wie genau hast du das gemacht? Ist dir das gleiche vielleicht auch noch in anderen Situationen gelungen?

Oder:

Wie müsstest du in der Problemsituation reagieren, welche Eigenschaft müsstest du besitzen, um genauso sicher, aber angenehmer zum Ziel zu kommen als durch die Störungen? Wie genau müsstest du das machen? Gibt es vielleicht noch andere Möglichkeiten, die positive Absicht zu wahren und auf angenehme Weise ans Ziel zu kommen?

Alternatives Verhalten / Alternative Eigenschaften
1.
2.
3.
4.
5.

4. Schritt: Verträglichkeit des alternativen Verhaltens prüfen!

Nimm an, du wirst in Zukunft dein bestes Verhalten einsetzen. Könnten sich daraus für dich irgendwelche Probleme ergeben?

Oder:

Stelle dir vor, du wirst in Zukunft dein bestes Verhalten einsetzen. Erfinde mindestens drei Einwände gegen dieses Verhalten.

Oder:

Überlege dir drei Einwände, die jemand anders gegen dein bestes Verhalten haben könnte.

Einwände gegen das alternative Verhalten
1.
2.
3.

Dann:

Wie gehst du mit diesen Problemen / Einwänden um? Welche Verhaltensweisen / Eigenschaften hast du, die dir dabei helfen, mit diesen Problemen / Einwänden fertig zu werden?

Maßnahmen gegen die Einwände
1.
2.
3.

➤ Hinweis:

Bearbeiten Sie die Einwände sehr sorgfältig. Nur solche Einwände sind behoben, mit denen die Person auch wirklich umgehen kann. Streichen Sie all jene alternativen Verhaltensweisen für die Problemsituation aus Ihrer Liste, bei denen Einwände bestehen bleiben.

5. Schritt: Neues Verhalten testen und integrieren

Teste und integriere das neue Verhalten!

Gehe noch einmal in die Problemsituation (= 1. Schritt) hinein und
nimm nacheinander jede deiner neuen Verhaltensweisen mit. Pro-
biere aus, welches Verhalten dir am besten hilft, dein Ziel in der
Situation zu erreichen.

Gehe mit deinem besten Verhalten nochmals in die Problemsituation (= 1. Schritt) und stelle fest, ob du tatsächlich auf effektive und
angenehme Weise zu deinem Ziel kommst. Frage dich dabei noch
einmal:

- Was genau siehst du jetzt?
- Ist es ein Bild oder ein Film?
- Ist es eher hell oder eher dunkel?
- Bunt oder schwarzweiß?
- Scharf oder eher unscharf?
- Bist du noch einmal ganz in dem Ereignis drin oder siehst du es
  als Zuschauer von außen?
- Was hörst du jetzt?
- Was genau fühlst du jetzt wo in deinem Körper?
- Wie intensiv sind diese Gefühle?

6. Schritt: In die Zukunft überbrücken

Wann in der Zukunft könnte wieder eine Unterrichtssituation auf-
treten, in der du stören könntest. Stelle dir eine entsprechende

Situation vor, gehe in sie hinein. Nimm dein bestes Verhalten mit.
Prüfe, wie du dich verhalten wirst.

- Was genau siehst du jetzt?
- Ist es ein Bild oder ein Film?
- Ist es eher hell oder eher dunkel?
- Bunt oder schwarzweiß?
- Scharf oder eher unscharf?
- Bist du noch einmal ganz in dem Ereignis drin oder siehst du es
  als Zuschauer von außen?
- Was hörst du jetzt?
- Was genau fühlst du jetzt wo in deinem Körper?
- Wie intensiv sind diese Gefühle?

7. Schritt: Übung beenden

☐ Komme in das Hier und Jetzt zurück. Atme einige Male kräftig
  ein und aus.

5.

Silke

verschweigt

etwas

„Immer dann, wenn die

Oberflächenstruktur mit der

Tiefenstruktur nicht übereinstimmt,

ist ein Satz fehlgeformt. [...]

NLP bietet für jede Fehlgeformtheit

eine Frage, so dass du mit den Fragen

Jede unvollständige Oberflächenstruktur

zur vollständigen Tiefenstruktur

wandeln kannst."

(Petra Schulze)

Die Situation

Silke besucht seit 3 Jahren die Realschule. Silke ist ein fleißiges Mädchen, das gut mit ihren Klassenkameradinnen und Klassenkameraden auskommt. Doch seit einiger Zeit haben sich Silkes Verhalten und auch ihre Leistungen in einzelnen Fächern verändert.

Silke war immer sehr aufgeschlossen, ging auf die Mitschüler zu, sprach sie an und bekam so eine Menge Kontakte. In letzter Zeit ist Silke wesentlich zurückhaltender geworden, spricht wenig mit Anderen, zieht sich eher zurück und bleibt in der Pause meist für sich allein. Auch ihr Lächeln hat Silke in vielen Situationen eingebüßt; sie wirkt eher verschüchtert und ängstlich.

Gleichzeitig verschlechtern sich Silkes Leistungen in Englisch und Erdkunde deutlich, auch in den anderen Fächern macht sie im Unterricht längst nicht mehr so mit, wie die Lehrer das von ihr gewohnt sind. Der Klassenlehrer hat daraufhin die Initiative ergriffen; er suchte das Gespräch mit den Eltern und berichtete ihnen, welche ungewöhnlichen Verhaltensänderungen er bei Silke beobachten kann.

Die Eltern bestätigen: Auch sie bemerkten eine Veränderung bei Silke, die sie beunruhige; sie hätten Silke daraufhin schon öfter angesprochen, sie habe aber nur lapidar geantwortet: „Was ihr schon wollt! Es ist doch nichts! Es ist alles in Ordnung!" So recht haben die Eltern nicht geglaubt, was ihnen Silke da gesagt hat. Ihre Vermutung war, Silke sei in der Pubertät und die Veränderungen in ihrem Verhalten seien darauf zurück zu führen. So ganz beruhigt sind die Eltern aber dennoch nicht. Auch der Klassenlehrer bestätigt: „Wir sollten schon genauer hinsehen, was mit Silke wirklich los ist!"

Der Klassenlehrer macht den Vorschlag, Silke dem Beratungsleh-
rer vorzustellen. Vielleicht kann der herausfinden, was hinter der
Verhaltensänderung von Silke steckt. Silkes Eltern sind mit der
Idee einverstanden.

Auch der Beratungslehrer bestätigt den Eindruck des Klassenleh-
rers und der Eltern: Silke steckt nicht einfach nur in der Pubertät;
sie hat ein seelisches Erlebnis gehabt, das sie stark belastet, das
sie aber auch nicht ohne weiteres preisgibt. Der Beratungslehrer
sieht seine Aufgabe darin, Silke zu helfen, dieses Erlebnis zu benennen, um dann daran arbeiten zu können.

Fragen

➢ Wie überzeugend erscheinen Ihnen Silkes Eltern?

....

....

➢ Wie schätzen Sie die Situation in Silkes Elternhaus ein?

....

....

➢ Welche Rolle spielen Silkes Mitschüler bei der Sache?

....

....

➢ Welche Ursachen vermuten Sie für Silkes auffällige Verhaltensänderung?

....

....

➤ Wie kommen Sie gerade auf diese Ursachen?

....

....

➤ Wie erklären Sie sich vor dem Hintergrund Ihrer Ursachenfor-
schung die Veränderungen in Silkes Verhalten und ihre ab-
nehmende Leistungsfähigkeit?

....

....

➤ Wie verändert die Situation Silkes Selbstbild?

....

....

➤ Weshalb ist es wohl für Silke so schwierig, über das belastende Erlebnis zu berichten?

....

....

➤ An welchen Stellen würden Sie Silkes Eltern mit in den Prozess einbeziehen?

....

....

➤ Welche Maßnahmen erscheinen Ihnen jetzt geeignet, um Silke
konkret zu helfen?

....

....

Die Deutung

Der Beratungslehrer hat Recht: Silke hat bestimmt ein traumati-

sches Ereignis erlebt, das sie jetzt zum Verstummen bringt und
zugleich ihre Leistungen in bestimmten Fächern drückt. Silke versucht, sich mit dem belastenden Ereignis auseinander zu setzen,
sie schafft dies aber offenbar allein nicht. Dennoch hat sie Angst
davor, sich einem anderen Menschen anzuvertrauen: zu schlimm
ist das, was man ihr angetan hat.

Es gibt sicher eine Reihe von Ursachen für traumatische Ereignisse: Sexuelle Übergriffe der Eltern beispielsweise können solche
Erfahrungen bei den Kindern hervorrufen; aber auch der Verlust
einer nahe stehenden Person, der Eltern oder einer Freundin,
können traumatische Wirkungen auslösen. Aber auch der Tod eines geliebten Haustieres kann auf einen Menschen einen Einfluss
gewinnen, der nachhaltig belastet.

Wie kann man Silke helfen?
◆ Silke muss kurzfristig lernen, ihr Schweigen zu brechen und
  über das sie belastende Ereignis zu sprechen.
◆ Silke muss mittelfristig lernen, das traumatische Erlebnis zu bearbeiten und zu verarbeiten.
◆ Silke muss langfristig lernen, Mechanismen zu entwickeln, mit
  traumatischen Ereignissen konstruktiver umzugehen.

 **Die Intervention**

Sie können die folgende Übung mit Silke durchführen, um dem kurzfristigen Ziel näher zu kommen:

1. Schritt: Problemsituation doppelt dissoziiert erinnern
○ Schließe die Augen. Setze dich in dein Lieblingskino, in die
  zehnte Reihe! Schwebe jetzt aus deinem Körper als Zuschauer

heraus in die Vorführraum des Kinos, so dass du dich da unten im Zuschauerraum sitzen siehst.

○ Erinnere dich an die Situation, die dich stark belastet. Du musst gar nichts darüber erzählen. Erlebe die Situation wie einen Film, in dem du mitspielst und der jetzt auf der Leinwand deines Kinos zu laufen beginnt. Du siehst den Film aus dem Vorführraum heraus an.

Beantworte dir jetzt im Geiste folgende Fragen:

- Was siehst du jetzt?
- Ist es ein Film oder ein Bild?
- Ist es farbig oder schwarzweiß?
- Ist es eher hell oder eher dunkel?
- Eher scharf oder eher unscharf?
- Was hörst du jetzt?
- Sind es Stimmen, Geräusche, Musik ......?
- Wie laut ist es?
- Ist das Ganze stereo oder mono?
- Aus welcher Richtung kommen die Geräusche?
- Was fühlst du jetzt?
- Wo in deinem Körper ist das Gefühl?
- Wandert das Gefühl in deinem Körper?
- Ist es andauernd da?
- Wie intensiv ist das Gefühl?
- Was gibt es jetzt zu schmecken?
- Was kannst du riechen?

2. Schritt: Fragen stellen

○ Ich werde dir jetzt einige weitere Fragen zu deinem Film-Erlebnis stellen. Du kannst sie mir beantworten oder auch „nein" sagen. Mache das, was dir im Einzelnen am angenehmsten ist. Und lass dir ruhig Zeit bei der Beantwortung der Fragen, niemand drängt uns.

> ➤ Hinweis: Die folgenden Fragen sind eine mögliche Auswahl. Stellen Sie die Fragen, die Ihnen besonders geeignet erscheinen, an das jeweilige Problem heranzukommen. Ordnen Sie die Fragen entsprechend.

- Welche Personen genau spielen eine Rolle in deinem Film?
- Was genau tun diese Personen?
- Verhalten diese Personen sich immer so?
- Wann und wem gegenüber verhalten sie sich so?
- Woher weißt du das?
- Welche Wirkung hat das Verhalten der Personen auf dich?
- Woran merkst du diese Wirkung?
- Was an dem Verhalten der Personen gefällt dir, was nicht?
- Wie genau verhältst du dich den Personen gegenüber?
- Weshalb verhältst du dich genau so?
- Wie empfindest du dein Verhalten?
- Wie möchtest du dich anders verhalten?
- Was genau hindert dich daran, dich anders zu verhalten?
- Was würde geschehen, wenn du dich anders verhalten würdest?
- Woher weißt du das?
- Wie möchtest du dich anders fühlen?
- Was müsste geschehen, damit du dich so fühlen kannst, wie du dir es wünscht?
- Was würde geschehen, wenn du dich anders fühlen würdest?
- Woher weißt du das?

3. Schritt: Antworten bearbeiten

> ➤ Entwickeln Sie mit Silke auf der Grundlage ihrer Antworten neue Handlungsoptionen.

6.

Nina

ist gestresst

„Als das Neurolinguistische Programmieren

(NLP) damit anfing, subjektives Erleben

zu untersuchen, wurde entdeckt,

dass die Bedeutungsstruktur

in der spezifischen Sequenz von

Repräsentationssystemen zu finden ist,

die eine Person benutzt,

um Informationen zu verarbeiten."

(Richard Bandler & Will Mac Donald)

Die Situation

Nina ist 15 Jahre alt; sie ist ein liebes Mädchen: Alle wissen nur Gutes über sie zu berichten. Ihre Eltern sind stolz darauf, ein solches Kind zu haben, und die Lehrer halten Nina für eine engagierte Schülerin mit überdurchschnittlichen Leistungen. Daher versteht keiner so recht, weshalb Nina manchmal morgens nicht aus dem Bett kommt, sich übel fühlt und krank zu Hause bleiben muss.

Alles ist doch eigentlich in Ordnung; wenn da nicht Ninas kranke Mutter wäre. Oft hat Nina schon sorgen um ihre Mutter gehabt, wenn diese mal wieder als Notfall ins Krankenhaus eingeliefert wurde. Und dann war Nina wieder mal ganz auf sich allein gestellt, weil ihr Vater durch eine Außendiensttätigkeit kaum daheim sein kann.

So manche Nacht hat Nina geweint, weil sie sich allein gefühlt hat: „Warum musste ihr das gerade passieren? Warum ging es den anderen Schülerinnen und Schülern in ihrem Alter viel besser? Warum mussten die viel weniger Rücksicht auf eine kranke Mutter nehmen?" Die Erfahrungen mit der kranken Mutter haben Nina einerseits stark und selbstständig gemacht, andererseits aber auch ein wenig unglücklich.

Darüber hinaus fühlt sich Nina manchmal überfordert; denn auch wenn die Mutter Zuhause ist, muss Nina eine Menge mehr im Haushalt helfen, als dies andere Mädchen in ihrem Alter tun müssen. Nina fühlt sich manchmal angekettet, kommt nicht weg, erlebt sich isoliert. Wenn alles zusammen kommt, macht sich die Belastung bei Nina in körperlichen Symptomen bemerkbar: Sie kann nicht ein- und durchschlafen, sie kann nicht richtig essen und nicht zur Schule gehen.

In dieser Situation verstehen Ninas Eltern die Welt nicht mehr: „Was ist nur mit unserem Kind los? Wir tun doch alles, was wir können." Und dann die Besorgnis der Eltern: „Nina, du musst unbedingt darauf achten, dass du in der Schule nicht abrutscht. Tu uns das bitte nicht an."

Leistungs-abfall

Nach und nach werden Ninas Leistungen in einzelnen Fächern schlechter. Nicht gravierend; sie steht nicht in Gefahr, die Klasse nicht zu schaffen. Doch den Lehrern fällt die Veränderung in Ninas Leistungsfähigkeit schon auf. So kommt es dazu, dass der Klassenlehrer Nina bittet, ein Gespräch mit dem Beratungslehrer zu führen. Dabei werden Ninas Probleme deutlich; und es kommt auch heraus, dass Nina bisher darüber mit niemandem gesprochen hat, weder mit ihren Eltern noch mit ihrer besten Freundin, der sie doch sonst alles anvertraut. Nina glaubt, dass sie eigentlich niemand versteht.

Fragen

➢ Wie beurteilen Sie Ninas Leistungsfähigkeit?

....

....

➢ Wie schätzen Sie Ninas Situation in ihrem Elternhaus ein?

....

....

➢ Welche Rolle spielt Ninas Mutter für das Problem?

....

....

➢ Wie erklären Sie sich die Veränderungen in Ninas Verhalten?

....

....

➢ Wie schätzen Sie die Rolle von Ninas Vater ein?

....

....

➢ Weshalb hat Nina wohl so lange mit niemandem über ihre Situation gesprochen?

....

....

➢ Wie verändert sich Ninas Selbstbild durch das Problem?

....

....

➢ Welche Maßnahmen erscheinen Ihnen jetzt geeignet?

....

....

➢ An welchen Stellen würden Sie Ninas Eltern mit in den Prozess einbeziehen?

....

....

Die Deutung

Ninas Problem liegt offenbar in einer permanenten Überforde-

rung, die durch die häusliche Situation verursacht wird. Ninas Eltern behüten sie sehr und sind sicher überzeugt, dass sie „alles richtig machen", wenn es um die Erziehung ihrer Tochter geht. Daher verstehen sie auch nicht, weshalb sich bei Nina eine Reihe von körperlichen Symptomen einstellt, die offenbar auf eine Überlastung schließen lassen.

Ninas Leistungsfähigkeit ist groß, sowohl im Blick auf ihr soziales Engagement im Elternhaus als auch in der Schule. Aber Nina fühlt sich eingeengt, erlebt die Abhängigkeit von der Erkrankung ihrer Mutter bisweilen als Einschränkung ihrer eigenen Lebenswelt. Dabei fühlt sie sich zugleich von den Eltern unverstanden, denn die haben bisher noch kein Gespür dafür, wo Nina eigentlich der Schuh drückt.

Es war eine gute Entscheidung, dass der Klassenlehrer in dieser Situation den Beratungslehrer der Schule eingeschaltet hat. Mit seiner professionellen Hilfe konnte Nina sich öffnen und zum ersten Male über ihre Schwierigkeiten reden. Allerdings: Ninas Problem wird im Kern bestehen bleiben, wenn ihre Eltern nicht erkennen, dass die private Situation letztlich die Schwierigkeiten verursacht, in denen das Mädchen steckt.

Beratungs- lehrer

Natürlich kann die Schule sich nicht vornehmen, Ninas Eltern zu therapieren. Allerdings ist es sinnvoll, Ninas Eltern zu einem Gespräch mit dem Beratungslehrer zu bitten, vorausgesetzt Nina stimmt dem zu. Vielleicht gelingt es ja so, bei den Eltern wirkliches Verständnis für Ninas Situation zu schaffen. Unabhängig davon sollte auch Nina an sich arbeiten.

Wie kann man Nina helfen?

◆ Nina muss kurzfristig lernen, sich von der Belastung zu distanzieren, die sie in bestimmten Situationen zu Hause erlebt.

◆ Nina muss mittelfristig lernen, wie sie in Situationen mit besonderen Belastungen Ressourcen freisetzen kann, die ihr helfen, die Situation zu meistern.

◆ Nina muss langfristig lernen, dass ihre Eltern nur in Grenzen ihr bisheriges Verhalten aufgeben werden.

Die Intervention

Sie können die beiden folgenden Übungen mit Nina durchführen, um dem kurz- und mittelfristigen Ziel näher zu kommen:

1. Übung:
Blitzschnell abschalten

1. Schritt: Entspannen

☐ Schließe die Augen und nimm deinen Körper bewusst wahr.

☐ Atme einige Male kräftig ein und langsam durch den Mund wieder aus.

2. Schritt: Stresssituation erinnern und dissoziiert wahrnehmen

☐ Erinnere eine unangenehme Situation, die für dich belastend war.

☐ Schwebe dazu aus deinem Körper heraus und nimm eine Beobachterposition ein. Stelle dir vor, du sitzt in deinem Lieblingskino in der zehnten Reihe. Und du kannst die belastende Situation jetzt auf der Leinwand wie einen Film anschauen. Du spielst in diesem Film mit und bist zugleich der Hauptdarsteller.

☐ Überprüfe, was du siehst, was du hörst, fühlst, riechst und schmeckst. Beantworte dazu im Geiste die folgenden Fragen:

- Was siehst du jetzt?
- Ist es ein Film oder ein Bild?
- Ist es farbig oder schwarzweiß?
- Ist es eher hell oder eher dunkel?
- Eher scharf oder eher unscharf?
- Was hörst du jetzt?
- Sind es Stimmen, Geräusche, Musik ......?
- Wie laut ist es?
- Ist das Ganze stereo oder mono?
- Aus welcher Richtung kommen die Geräusche?
- Was fühlst du jetzt?
- Wo in deinem Körper ist das Gefühl?
- Wandert das Gefühl in deinem Körper?
- Ist es andauernd da?
- Wie intensiv ist das Gefühl?
- Was gibt es jetzt zu schmecken?
- Was kannst du riechen?

Mach dir besonders klar, was du wo in deinem Körper wie intensiv spürst. Wie erlebst du den Stress? Wie fühlt sich der Stress jetzt an?

3. Schritt: Film rückwärts ablaufen lassen

☐ Schaue dir den Film jetzt noch einmal aus der Beobachterposition an. Lasse den Film dabei rückwärts ablaufen, so schnell du kannst. Stelle dir vor, du wählst bei deinem Videorecorder die Funktion „Schneller Rücklauf".

☐ Lasse den Film dann wieder von vorn laufen. Wie fühlst du dich jetzt? Wie haben sich deine Empfindungen verändert? Was ist mit der Belastung? Wenn du dich noch nicht wohl fühlst, mache jetzt den nächsten Schritt.

4. Schritt: Doppelt dissoziieren

☐ Schwebe nun aus deinem Körper als Beobachter heraus und begib dich in den Vorführraum des Kinos. Du kannst dich von dort jetzt zweimal sehen: Wenn du nach unten schaust, siehst du dich in der zehnten Reihe des Kinos sitzen. Wenn du nach vorn auf die Leinwand blickst, siehst du dort immer noch den Film mit dem belastenden Ereignis.

☐ Wie fühlst du dich jetzt? Wie haben sich deine Empfindungen verändert? Was ist mit Belastung? Wenn du dich noch nicht wohl fühlst, mache jetzt den nächsten Schritt.

6. Schritt: Film mit Kirmesmusik unterlegen

☐ Lasse den Film auf der Leinwand nun noch einmal an den Anfang zurücklaufen. Sieh dir das Ganze jetzt ein weiteres Mal an. Unterlege den Film dabei mit lauter Kirmesmusik.

☐ Wie fühlst du dich jetzt? Wie haben sich deine Empfindungen verändert? Was ist mit Belastung?

7. Schritt: Ergebnis einpacken

☐ Stelle dir vor, du könntest den gesamten Film – Bild und Ton – auf einer Videokassette speichern. Mache das bitte jetzt.

☐ Nimm die fertige Videokassette jetzt in die Hand. Beschrifte die Kassette mit „Meine veränderte Sicht".

☐ Lege die Kassette jetzt beiseite an eine Stelle, wo du sie auf jeden Fall wieder finden kannst.

8. Schritt: Übung beenden

☐ Komme in das Hier und Jetzt zurück. Atmen einige Male kräftig ein und aus.

---

2. Übung:
Entspannungsanker

---

1. Schritt: Ankerstelle suchen

○ Suche eine freie Ankerstelle an deinem Körper. Wenn du diese Stelle berührst, sollte kein Ereignis in deine Erinnerung kommen. Gut geeignet ist zum Beispiel das Handgelenk: Umfasse mit Daumen und Zeigefinger der rechten Hand  dein linkes Handgelenk, drücke dann für einen Augenblick zu. Was passiert? Wenn nichts passiert, kannst du diese Stelle während der Übung nutzen.

○ Setze dich jetzt bequem hin und schließe die Augen.

2. Schritt: Entspannungserfahrung erinnern und assoziiert erleben

○ Erinnere dich an verschiedene Situationen in deinem Leben, in denen du besonders entspannt warst.

⇨ Hinweis: Sie können auch mit nur einer Erinnerung arbeiten.

○ Gehe nun nacheinander in die Situationen hinein; erlebe sie auf allen Wahrnehmungsebenen von innen. Beantworte dir dazu im Geiste die folgenden Fragen:

- Was siehst du jetzt?
- Ist es ein Film oder ein Bild?
- Ist es farbig oder schwarzweiß?
- Ist es eher hell oder eher dunkel?
- Eher scharf oder eher unscharf?
- Was hörst du jetzt?
- Sind es Stimmen, Geräusche, Musik ......?
- Wie laut ist es?
- Ist das Ganze stereo oder mono?
- Aus welcher Richtung kommen die Geräusche?
- Was fühlst du jetzt?
- Wo in deinem Körper ist das Gefühl?
- Wandert das Gefühl in deinem Körper?
- Ist es andauernd da?
- Wie intensiv ist das Gefühl?
- Was riechst du jetzt?
- Was schmeckst du jetzt?

3. Schritt: Erfahrung ankern

○ Wenn du jetzt tief in deinem Erleben steckst, drücke mit dem Daumen und Zeigefinger der rechten Hand dein linkes Hand-gelenk, wie du es vorhin geübt hast.

4. Schritt: Übung beenden

☐ Komme in das Hier und Jetzt zurück. Atme einige Male kräftig ein und aus und öffne die Augen. Du kannst dich auch ein wenig recken und strecken, wenn du willst.

5. Schritt: Test

⇨ Testen Sie das Ergebnis nach einiger Zeit durch Auslösen des Ankers. Der Druck auf die gewählte Ankerstelle muss die gesamte Erinnerung wieder reorganisieren. Dabei sollte vor allem das Gefühl reaktiviert werden, das ursprünglich mit dem entspannenden Ereignis verbunden war. Klappt dies nicht, wiederholen Sie den Vorgang, bis es funktioniert.

6. Schritt: Überbrücken in die Zukunft

Stelle dir eine Situation in der nächsten Woche vor, in der du wieder belastet sein könntest. Gehe in die Situation hinein und erlebe alles so, als ob es schon jetzt geschähe. Wie fühlst du dich? Bist du zufrieden mit der Veränderung?

7. Schritt: Anker nutzen

Nutze in Zukunft deinen Anker in all den Situationen, in denen du dich belastet fühlst. Konzentriere dich dann kurz, vielleicht schließt du auch die Augen. Drücke dann die Ankerstelle und warte einen Augenblick. Die gesamte positive Erfahrung, die an dem Anker hängt, wird sich dann wieder einstellen.

7.

Verena

ist hektisch

„Wenn sie lernen, wie Sie Ihre
Stimulus-Response-Mechanismen
kontrollieren können,
können Sie sich entscheiden,
in einer Art und Weise zu reagieren,
die emotional und psychologisch
für sie am günstigsten ist."
(Genie Z. Labordie)

Die Situation

Alles fing damit an, dass Verenas Leistungen in der Schule rapide in den Keller gingen. Keiner wusste so recht, was da passierte. Verena hatte die Grundschule mit Bravour absolviert, der Übergang zu einer weiterführenden Schule war selbstverständlich. In der Erprobungsstufe des Gymnasiums ging auch alles gut. Mit dem Einsetzen der zweiten Fremdsprache in der Klasse 7 allerdings machten sich erste Leistungsdefizite bemerkbar.

Und dann ging alles recht schnell: Verena kennt sich selbst nicht mehr; sie ist nervös, unkonzentriert, ihr Interesse selbst an den Lieblingsfächer lässt immer mehr nach. Auch Verenas Eltern und ihre Freunde bemerken deutlich die Veränderungen in Verenas Verhalten.

Verenas Eltern wissen sich keinen Rat mehr; bloße Appelle helfen nicht mehr, dadurch werden weder Verenas Leistungen in der Schule besser noch verringert  sich die Hektik in Verenas Verhalten. Der nächste Gang ist der zu einem Internisten; er verordnet Verena beruhigende Mittel. Leider haben sie den Nachteil, dass Verena dadurch stark ermüdet und fast apathisch wirkt.

Zum Psychologen möchten die Eltern Verena nicht schicken; Verena sei doch nicht „verrückt". Sie müsse sich einfach nur besser zusammen nehmen und sich auf die wichtigen Dinge konzentrieren, dann werde alles schon besser werden.

Leider verändert sich die Situation für Verena aber nicht zum Positiven, eher im Gegenteil. In der Klasse fühlt sie sich immer weniger wohl, weil sie ihre bisherige Rolle nicht mehr spielen kann:

Schließlich gehörte sie ja noch bis vor Kurzem in fast allen Fächern zu den Leistungsträgern der Lerngruppe.

Verenas Stellung in der Klasse hat sich deutlich verändert; sie wird immer seltener von den Mitschülern nach ihren Hausaufgaben gefragt oder sonst um irgendeinen Rat gebeten. Verenas Selbstbild beginnt mehr und mehr unter der neuen Situation zu leiden. Sie kennt sich selbst nicht mehr wieder.

Auch Verenas Freundinnen und Freunden haben immer mehr Schwierigkeiten, mit Verena auszukommen. Verenas Hektik und Unkonzentriertheit führen zu Problemen, mit denen früher niemand gerechnet hat: Verena vergisst manches, wird unzuverlässig und reagiert in manchen Situationen sehr gereizt und aggressiv. Die Freundinnen und Freunde können sich diese Veränderung nicht erklären, haben aber Schwierigkeiten damit, sich „so" von Verena behandeln zu lassen. Verena rückt zunehmend in die Rolle der Außenseiterin; sie verliert die Freude am Leben und resigniert mehr und mehr gegenüber der Situation, weil sie sich einfach hilflos fühlt.

Fragen

➢ Wie beurteilen Sie die Verenas Leistungsfähigkeit?

....

....

➢ Wie sinnvoll waren die bisherigen Maßnahmen der Eltern?

....

....

➤ Was bedeutet „Verena ist hektisch"?

....

....

➤ Wie erklären Sie sich die Veränderungen in Verenas Verhalten?

....

....

➤ Wie schätzen Sie die Rolle von Verenas Eltern ein?

....

....

➤ Welche Rolle spielen für Verena ihre Freundinnen und Freunde?

....

....

➤ Wie verändert sich Verenas Selbstbild durch das Problem?

....

....

➤ Welche Maßnahmen erscheinen Ihnen jetzt geeignet?

....

....

Die Deutung

Verenas Problem liegt offenbar in einer permanenten Überlastung? Ihre Hektik, Unkonzentriertheit und ihre Nervosität können  verschiedene Ursachen haben: Die Leistungsanforderungen der Schule können sie überfordern; die neu einsetzende Fremdsprache in der Klasse 7 kann hierzu beitragen.

Unklar ist auch, welchen Einfluss die Eltern auf Verena ausüben. Hohe Leistungsansprüche an Verena wären aus der Sicht der Eltern durchaus plausibel, schließlich hat Verena lange Zeit zu den Klassenbesten gehört.

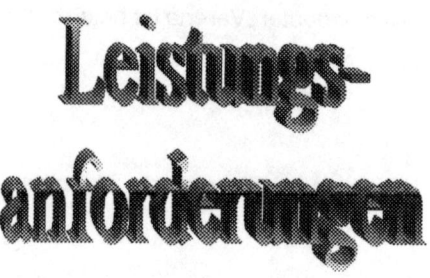

Allerdings würden hohe Leistunganspüche der Eltern auch zu Verenas Überlastung beitragen, wenn Verena tatsächlich von der Schulsituation überfordert wird.

Denkbar ist auch, dass Verena sich selbst überfordert und dadurch ihre Leistungen letztlich abfallen. Verena gehörte lange Zeit zu den Besten der Lerngruppe, jetzt ist das nicht mehr der Fall. Verenas Selbstbild leidet unter dem Verlust

an Prestige in der Gruppe, zumal sich auch die Freundinnen und Freunde mehr und mehr von ihr abwenden. Deshalb versucht sie, das Defizit auszugleichen, was ihr aber nur unvollkommen gelingt. Hektik, Aggression und Unzuverlässigkeit sind die Folgen.

Wie kann man Verena helfen?
◆ Verena muss kurzfristig lernen, sich von der inneren Anspannung zu lösen.
◆ Verena muss mittelfristig lernen, wie sich strategisch entspannen kann, um so auch besonderen Belastungen gelassen und souverän zu reagieren.

◆ Verena muss langfristig lernen, ihre Leistungsgrenzen zu akzeptieren und sich unabhängig machen von den Reaktionen ihrer Freundinnen und Freunde.

Die Intervention

Als Hilfe zum Erreichen des kurzfristigen Ziels können Sie mit Verena folgende Übung durchführen und einüben, sie als aktuelle Hilfe in hektischen Situationen zu nutzen:

1. Schritt: Entspannen

Verena setzt sich bequem hin und schließt die Augen. Sprechen Sie dann langsam und monoton den folgenden Text:

◆ Ich bin vollkommen ruhig,
ruhig, gelöst und entspannt. (5-mal wiederholen)

◆ Mein rechter Arm ist schwer. (5-mal wiederholen)

◆ Ich bin vollkommen ruhig,
ruhig, gelöst und entspannt. (5-mal wiederholen)

◆ Mein linker Arm ist schwer. (5-mal wiederholen)

◆ Ich bin vollkommen ruhig,
ruhig, gelöst und entspannt. (5-mal wiederholen)

◆ Die Arme sind schwer. (5-mal wiederholen)

◆ Ich bin vollkommen ruhig,
ruhig, gelöst und entspannt. (5-mal wiederholen)

◆ Mein rechter Arm ist warm. (5-mal wiederholen)

◆ Ich bin vollkommen ruhig,
ruhig, gelöst und entspannt. (5-mal wiederholen)

◆ Mein linker Arm ist warm. (5-mal wiederholen)

◆ Ich bin vollkommen ruhig,
ruhig, gelöst und entspannt. (5-mal wiederholen)

◆ Die Arme sind warm. (5-mal wiederholen)

◆ Ich bin vollkommen ruhig,
ruhig, gelöst und entspannt. (5-mal wiederholen)

◆ Die Arme sind schwer und warm. (5-mal wiederholen)

◆ Ich bin vollkommen ruhig,

ruhig, gelöst und entspannt. (5-mal wiederholen)

2. Schritt: Hektische Situation dissoziiert erinnern

Erinnere dich an eine Situation aus der letzten Zeit, in der du besonders hektisch warst. Setze dich dazu in dein Lieblingskino und schaue dir den Film von der Ereignis auf der Leinwand an. Natürlich spielst du in dem Film die Hauptrolle. Beantworte dir jetzt im Geiste die folgenden Fragen:

- Was siehst du jetzt?
- Ist es ein Film oder ein Bild?
- Ist es farbig oder schwarzweiß?
- Ist es eher hell oder eher dunkel?
- Eher scharf oder eher unscharf?
- Was hörst du jetzt?
- Sind es Stimmen, Geräusche, Musik ......?
- Wie laut ist es?
- Ist das Ganze stereo oder mono?
- Aus welcher Richtung kommen die Geräusche?
- Was fühlst du jetzt?
- Wo in deinem Körper ist das Gefühl?
- Wandert das Gefühl in deinem Körper?
- Ist es andauernd da?
- Wie intensiv ist das Gefühl?
- Was riechst du jetzt?
- Wie riecht es?
- Was schmeckst du jetzt?
- Wie schmeckt es?

3. Schritt: Szene bearbeiten

❑ Wie fühlst du dich jetzt, wenn du das Ganze aus dieser Entfernung siehst? Wenn nicht alles ok ist, mache folgendes:

❑ Schwebe aus deinem Körper als Zuschauer heraus in den Vorführraum des Kinos. Jetzt kannst du dich zweimal sehen:

Einmal sitzt du da unten im Zuschauerraum und dann siehst du dich auf der Leinwand in dem Film von dem hektischen Ereignis. Wie fühlst du dich, wenn du dir jetzt den Film ansiehst?

4. Schritt: Ereignis verändern

Verändere nun dein Verhalten in dem Film so, wie du es gerne hättest. Sei der Regisseur deines eigenen Verhaltens. Mache alles so, wie es dir gefällt.

5. Schritt: Verträglichkeit prüfen

Stelle dir vor, du wirst in Zukunft dein neues Verhalten einsetzen. Erfinde mindestens drei Einwände gegen dieses Verhalten.

Oder:

Überlege dir drei Einwände, die jemand anders gegen dein verändertes Verhalten haben könnte.

Einwände gegen das alternative Verhalten
1.
2.
3.

Dann:

Wie gehst du mit diesen Problemen / Einwänden um? Welche Verhaltensweisen / Eigenschaften hast du, die dir dabei helfen, mit diesen Problemen / Einwänden fertig zu werden?

Maßnahmen gegen die Einwände
1.
2.
3.
4.
5.

6. Schritt: Überbrücken in die Zukunft

Stelle dir eine Situation in der nächsten Woche vor, in der du wieder hektisch sein könntest. Gehe in die Situation hinein und erlebe alles so, als ob es schon jetzt geschähe. Wie fühlst du dich? Bist du zufrieden mit der Veränderung?

7. Schritt: Übung beenden

☐ Komme in das Hier und Jetzt zurück. Atme einige Male kräftig ein und aus. Recke und strecke dich ein wenig, wenn du das angenehm findest.

8.

Susanne ist

nicht

motiviert

„Wir waren Opfer einer starken,

aber bisher noch wenig verstandenen Macht:

unserer eigenen Gefühle

Bei unseren ersten Versuchen,

uns aus der Gewalt unserer Gefühle

zu befreien, begriffen wir,

wie ernst unsere Lage war."

(Leslie Cameron-Bandler &

Michael Lebeau)

Die Situation

Susanne ist ein Sorgen-Kind, zumindest meinen das ihre Lehrer und ihre Eltern. Die Eltern haben eine Menge Dinge unternommen, um mit dem Problem fertig zu werden; aber alles scheint vergeblich. Susanne ist einfach nicht zu motivieren.

Dabei könnte alles so einfach sein! Schuleignungstest haben längst gezeigt: Susanne ist intelligent genug, um den Ansprüchen der 7. Klasse des Gymnasiums zu genügen, in der sie sich jetzt befindet. Doch Susanne hat einfach keine Lust; Mathematik und Latein sind die Fächer,  mit denen sie schon seit Anfang der Erprobungsstufe Schwierigkeiten hat. Diese Probleme haben sich immer weiter entwickelt und gefährden jetzt ihre Versetzung.

Susanne hatte lange Zeit Nachhilfeunterricht in den Problem-Fächer; letztlich aber ohne wirklich durchschlagenden Erfolg. Die Lehrer sind davon überzeugt, dass Susanne ja könnte, wenn sie nur wollte. Aber sie will offenbar nicht.

Irgendwie sind alle ratlos, die Susanne mögen und sich bisher redlich um sie gekümmert haben. Da fällt auch manches böse und aggressive Wort: Denn Susanne will einfach nicht hören, so glauben alle. Und vielleicht kann man ja durch Appelle doch noch etwas retten.

Und Susanne? Sie scheint kein Problem mit der Situation zu haben, zumindest nicht das Problem, das ihre Eltern und die Lehrer sehen. „Wenn ich schon sitzen bleiben muss, dann bleibe ich eben sitzen", sagt sie immer wieder. Susanne mag den Stress mit ihren Eltern und mit den Lehrern überhaupt nicht; schließlich weiß sie ja von ihrer Freundin Beate, dass es gar nicht so schlimm ist, eine Klassen zu wiederholen.

Und überhaupt: Susanne fühlt sich in der Klasse nicht wohl, in der sie jetzt ist. Seit ihre Freundin Beate weg ist, hat sie eigentlich keine echte Freundin mehr; das geht ihr ganz schön an die Nieren. Susanne glaubt, dass die Schule nichts für sie sei, das Lernen mache ihr einfach keinen Spaß mehr.

Tatsächlich war dies auch mal anders: In der Grundschule war Susanne immer eine von den Besten, sie war auch erfolgreicher als Beate, mit der sie seit dem ersten Schuljahr eine Sitzbank geteilt hat. Susanne war ehrgeizig und sorgfältig, die Leistungen waren dann auch entsprechend: Alles Gründe, die die Eltern ganz sicher machten: Susanne gehört auf's Gymnasium.

Fragen

➢ Wie beurteilen Sie die Susannes Leistungsfähigkeit?

....

....

➢ Wie sinnvoll waren die bisherigen Maßnahmen der Eltern?

....

....

➢ Was bedeutet „Susanne hat keine Lust"?

....

....

➢ Wie zeigt sich diese Lustlosigkeit wohl?

....

....

➢ Wie unterscheidet sich Susannes Sicht von der ihrer Eltern?

....

....

➢ Welche Rolle spielt für Susanne ihre Freundin Beate?

....

....

➢ Wie schulmüde ist Susanne insgesamt? Woran liegt das Ihrer
   Meinung nach?

....

....

➢ Welche Maßnahmen können bei Schulmüdigkeit sinnvoll sein?

....

....

➢ Welche Maßnahmen erscheinen Ihnen jetzt geeignet, um Susannes Situation zu verbessern?

....

....

➢ Weshalb kommen Sie gerade auf diese Maßnahmen?

....

....

Die Deutung

Susannes Problem liegt nicht auf der intellektuellen Ebene. Die
Erfahrungen in der Grundschule, die Berichte ihrer jetzigen Lehrer
und die Ergebnisse der Schuleignungstests zeigen: Susanne kann
intellektuell den Ansprüchen des Gymnasiums genügen. Dennoch
klappt es nicht. Wo liegt das eigentliche Problem?

Susannes Motivation scheint stark extrinsisch, also von außen geleitet zu sein. Das Ziel, in Mathematik besser zu werden, scheint allein nicht auszureichen, um eine Verhaltensänderung herbeizuführen. Aber auch ein erwartbares Lob der Eltern scheint nicht auszureichen, um eine Veränderung in Susannes Verhalten zu erzeugen.

Offenbar spielt Susannes Freundin Beate eine wesentliche Rolle in dem Spiel: Beate ist Susannes beste Freundin, zugleich aber konnte sich Susanne immer auch von Beates Leistungen abheben. Das in jedem Menschen

Die
Freundin

angelegte Bedürfnis nach Überlegenheit war für Susanne so leicht und direkt zu befriedigen. Diese Möglichkeit scheint vertan, seit Beate die Klasse verlassen musste. Seither hat Susanne Schwierigkeiten, den Anschluss zu finden.

Ihre Leistungen in den von Anfang an problematischen Fächern Mathematik und Latein wachsen sich zu einem wirklichen Problem aus.

Wie kann man Susanne helfen?
◆ Susanne muss kurzfristig lernen, den Mechanismus der Fremdbestimmtheit ihrer Motivation zu durchschauen.
◆ Susanne muss mittelfristig lernen, die soziale Anerkennung auch von den Menschen zu akzeptieren, mit denen sie es jetzt unmittelbar zu tun hat.
◆ Susanne muss langfristig lernen, sich über verschiedene Möglichkeiten intrinsisch zu motivieren.

Die Intervention

Als Hilfe zum Erreichen des kurzfristigen Ziels kann folgende
Übung dienen:

1. Schritt: Unangenehme Situation erinnern

Stelle dir vor, du sitzt jetzt in einer Mathematikstunde. Es ist alles
so wie immer in der 7. Klasse.

- Was siehst du jetzt?
- Ist es ein Film oder ein Bild?
- Ist es farbig oder schwarzweiß?
- Ist es eher hell oder eher dunkel?
- Eher scharf oder eher unscharf?
- Was hörst du jetzt?
- Sind es Stimmen, Geräusche, Musik ......?
- Wie laut ist es?
- Ist das Ganze stereo oder mono?
- Aus welcher Richtung kommen die Geräusche?
- Was fühlst du jetzt?
- Wo in deinem Körper ist das Gefühl?
- Wandert das Gefühl in deinem Körper?
- Ist es andauernd da?
- Wie intensiv ist das Gefühl?
- Was riechst du jetzt?
- Wie riecht es?
- Was schmeckst du jetzt?
- Wie schmeckt es?

2. Schritt: Dissoziieren

Setze dich jetzt in dein Lieblingskino, sagen wir in die Mitte der
zehnten Reihe. Lass auf der Leinwand den Film von der Mathematikstunde ablaufen, in dem du die Hauptdarstellerin bist.
Schaue dir alles in Ruhe an.

3. Schritt: Szene bearbeiten

- Wie fühlst du dich jetzt, wenn du das Ganze aus dieser Entfernung siehst?

  ....

- Wie möchtest du dich lieber fühlen?

  ....

- Wie erlebst du dein eigenes Verhalten im Film?

  ....

- Was sagt dein Verhalten im Film über deine Einstellung zu Mathematik?

  ....

- Woran erkennst du das?

  ....

- Wie anders möchtest du dich verhalten?

  ....

- Woran spürst du das?

  ....

- Was hindert dich in der Szene, dich intensiv am Unterricht zu beteiligen?

  ....

- Welche Menschen hättest du gern in dieser Szene, die jetzt nicht da sind?

  ....

- Was verändert sich bei dir, wenn jetzt X in der Situation anwesend ist?

  ....

- Wie abhängig möchtest du in deinem Gefühl von X sein?

  ....

- Wie könntest du dich in Zukunft verhalten, um von X weniger abhängig zu sein?

  ....

- Entwirf einen Film von der Mathematikstunde, in dem du sich so verhältst, wie du dir das selbst wünscht.

  ....

❑ Lass den Film mehrfach ablaufen und verändere ihn so lange, bis du ganz zufrieden bist.

❑ Springe jetzt in den Film hinein und erlebe, wie es ist, sich so zu verhalten, wie du es dir vorstellst. Ziehe dir die Erfahrung an wie einen Pullover, der dich angenehm wärmt. Koste es aus, sich so zu fühlen, wie du dich fühlen möchtest.

❑ Nimm an, alles wäre jetzt schon so, wie du es im Augenblick erlebst. Was würde sich dadurch in deinem Leben verändern? Wie gut kannst du mit diesen Veränderungen umgehen?

Veränderungen in meinem Leben .....
1.
2.
3.
4.
5.

..... und wie ich damit umgehe
1.
2.
3.
4.
5.

4. Schritt: Überbrücken in die Zukunft

Stelle dir jetzt eine Mathematikstunde in der nächsten Woche vor. Gehe in die Situation hinein und erlebe alles so, als ob es schon jetzt geschähe. Wie verhältst du dich? Wie fühlst du dich dabei? Bist du zufrieden mit der Veränderung? Sei kritisch bei der Beurteilung.

➤ Hinweis:

Wenn alles ok ist, gehen Sie zum nächsten Schritt der Übung
weiter; falls nicht, beschäftigen Sie sich noch einmal ausführlich
mit möglichen Einwänden gegenüber der Veränderung. Prüfen
Sie die Einwände sorgfältig und überlegen Sie, welche Fähigkeiten Susanne zur Verfügung stehen sollten, um mit den Einwänden umzugehen.

5. Schritt: Übung beenden

☐ Komme in das Hier und Jetzt zurück. Atme einige Male kräftig
ein und aus.

9.

Lars hat

kein Ziel

„Die wenigsten Menschen nehmen sich
die Zeit, um einmal darüber nachzudenken,
wie sie ihre Methoden optimieren könnten.
Sie sind offenbar nicht in der Lage,
sich selbst zu analysieren."
(Colin Rose & Malcolm J. Nicholl)

Die Situation

Lars sitzt in der 13. Klasse des Gymnasiums. Er müht sich redlich, aber die früheren Erfolge sind nicht mehr zu erkennen. Lars
wird keine grundsätzlichen Probleme bekommen, was die Zulas-
sung zum Abitur angeht, aber er bleibt doch weit hinter seinen
Möglichkeiten zurück.

Lars merkt genau, dass mit ihm etwas nicht stimmt. Er ist selbst
darüber traurig und wütend in einem und weiß doch nicht so recht,
was er gegen die dauernde Unlust machen soll. Früher ging doch
alles viel leichter: Da
brauchte er sich nur
nach der Schule zu
Hause hinzusetzen
und die Hausaufgaben erledigten sich dann wie im Schlaf. Mehr
noch: Lars konnte an manchen Tagen vom Lernen gar nicht genug kriegen; seine Eltern mussten ihn dann regelrecht auffordern,
mal damit Schluss zu machen und spielen zu gehen.

Lars' Lehrer haben die Entwicklung natürlich auch beobachtet; sie
haben eine Reihe von Gesprächen mit Lars geführt, um herauszu-
finden, wodurch die Veränderung in Lars Leistungsvermögen zu
erklären ist. Dabei haben auch die Lehrer festgestellt, dass Lars
eine richtige Schulunlust gepackt hat. „Es hat doch alles keinen
Sinn. Nach dem Abitur bin ich doch sowieso arbeitslos. Und studieren will ich nicht, das interessiert mich nicht", hat Lars immer
wieder betont.

Die Perspektivlosigkeit steht Lars ins Gesicht geschrieben. Irgendwie hat man den Eindruck, er will ja arbeiten, er will sich ja für
die Schule engagieren. Doch irgend etwas hindert ihn systema-

tisch, diesen Vorsatz auch in die Tat umzusetzen. Lars' Eltern und Lehrer fühlen sich ebenso hilflos wie Lars selbst. Lars versucht, der Sache weiter auf den Grund zu gehen. „Was ist nur mit mir los? Ich kann mich selbst nicht verstehen. So was gibt's doch eigentlich gar nicht: Da will einer und er kann nicht. .... Aber da war doch die Sache mit Monika."

Monika war über zwei Jahre Lars' Freundin; die beiden waren ein Herz und eine Seele. Monika hat Lars immer wieder gesagt, wie toll sie ihn findet, und die beiden haben ernsthaft darüber nachgedacht, in zwei, drei Jahren zu heiraten. Monika ist 3 Jahre älter als Lars und studiert Germanistik an einer süddeutschen Universität. Sie hat Lars immer wieder davon vorgeschwärmt, wie bewegt das Leben als Studentin sei. Und sie hat sich gewünscht, dass auch Lars ein Studium an derselben Uni aufnimmt, an der sie jetzt studiert.

Doch dann kam der totale Bruch mit Monika: Von einem Tag auf den anderen hat sie Lars erklärt, # Resignation dass sie ihn doch in Wahrheit nicht liebe und es besser sei, dass die beiden sich ab jetzt nicht mehr sähen. Lars war seinerzeit am Boden zerstört; eine ganze Welt ist für ihn zusammengebrochen. Zu sehr hatte er auf Monika und ihre Verlässlichkeit gebaut, zu sehr fühlte er sich betrogen und verletzt, als dass er noch einen klaren Gedanken hätte fassen können.

Die Trennung von Monika ist nun schon vier Monate her, aber Lars hat noch immer daran zu knacken. Jedes Mal, wenn er sich zu einer Frau hingezogen fühlt, denkt er an Monika: „Wird es wieder so schön wie damals? Wahrscheinlich kann sie doch nicht mit Monika mithalten. Wird sie mich dann auch verlassen? Und was mache ich dann, wenn das wieder passiert?"

Fragen

➤ Wie beurteilen Sie Lars' Leistungsfähigkeit?

....

....

➤ Wie lässt sich Lars' Gefühlslage am besten beschreiben?

....

....

➤ Was bedeutet „Schulunlust" für Lars?

....

....

➤ Wie zeigt sich diese Lustlosigkeit bei ihm wohl?

....

....

➤ Welche Maßnahmen können bei Schulunlust sinnvoll sein?

....

....

➤ Welche Rolle spielt Monika für das Lars' Problem?

....

....

➤ Welche Rolle spielen die Eltern, die Mitschüler, die Lehrer für Lars' Problem?

....

....

> ➢ Welche Maßnahmen erscheinen Ihnen jetzt geeignet, um Lars'
> Situation zu verbessern?

....

....

> ➢ Weshalb kommen Sie gerade auf diese Maßnahmen?

....

....

Die Deutung

Lars' Problem liegt nicht auf der intellektuellen Ebene. Die Erfahrungen aus den vergangenen Schuljahren, die Erzählungen seiner jetzigen Lehrer und Lars' eigene Einschätzungen zeigen: Lars
kann intellektuell den Ansprüchen des Gymnasiums genügen.
Dennoch werden Lars' Leistungen schlechter und er entwickelt
insgesamt eine enorme Schulmüdigkeit, die ihn auch selbst verzweifeln lässt. Wo liegt das eigentliche Problem?

Lars Motivation zu arbeiten scheint stark von seiner Freundin Monika abhängig gewesen zu sein. Er hatte ein Ziel, solange er mit
ihr zusammen war: Es lohnt sich, das Abitur zu bestehen, um danach mit Monika zusammen zu studieren. Außerdem motivierte
ihn Monika ver-  **Die** mutlich durch ihr
eigenes Studium **Freundin** auch auf eine an-
dere Weise: Lars
wollte sich Monika gegenüber nicht als uninteressierter Oberstu-
fen-Schüler darstellen, der zum Lernen und Arbeiten eigentlich
keine Lust hat; er wollte als jemand gelten, der den potentiellen
Erwartungen seiner damaligen Freundin gerecht wird. Und das hat

er auch ohne große Schwierigkeiten geschafft und es hat ihm wohl dazu noch viel Spaß gemacht.

Das alles scheint für Lars nicht mehr nötig, seitdem die Beziehung mit Monika in die Brü-he gegangen ist. Er hat kein eigenes Ziel mehr, für das es sich aus  seiner Sicht lohnt, stets auf Hochtouren zu arbeiten. Folgerichtig schaltet er auf Sparflamme, engagiert sich nicht mehr als nötig, was immerhin noch ausreicht, um ihn gefahrlos über die schulischen Hürden zu bringen.

Doch Lars ist selbst mit der Situation nicht zufrieden; er versteht sich nicht als lustlosen Mitläufer, sondern er möchte ein engagierter Schüler sein, der durch seinen Fleiß und seinen Eifer auch vor sich selbst bestehen kann.

Wie kann man Lars helfen?
◆ Lars muss kurzfristig lernen, ein persönliches Ziel für seine schulische Arbeit zu formulieren.
◆ Lars muss mittelfristig lernen, die Attraktivität dieses Ziels dauerhaft so hoch zu halten, dass sein Einsatz für dieses Ziel nicht zu stark von Unwägbarkeiten des alltäglichen Lebens abhängig ist.
◆ Lars muss langfristig lernen, sich tragfähige Ziele zu setzen und seine Gefühle und sein Handeln in Bezug auf diese Ziele stabil zu halten.

Die Intervention

Als Hilfe zum Erreichen des kurzfristigen Ziels
kann folgende Übung dienen:

1. Schritt: Entspannen

Mache es dir bequem. Schließe die Augen. Entspanne dich, so
gut es geht. Atme einige Male ganz bewusst ein und langsam
wieder aus.

2. Schritt: Problemsituation erinnern

Erinnere dich an eine Situation in deinem Leben, in der du ein Ziel
nicht erreicht hast. Diese Situation sollte für dich auch in der Zukunft noch von Bedeutung sein. Überlege, welches alternative,
neue Ziel für dich in dieser Situation zukünftig in Betracht kommt.
Oder: Was willst du in welcher Situation in der Zukunft erreichen?
Und du hast es jetzt noch nicht erreicht. Formuliere das Ziel in einem Satz:

3. Schritt: Ziel-Zustand selbst initiieren

Hast oder kannst du den angestrebten Zielzustand selbst und ohne fremde Hilfe initiieren? Wie genau wirst du das machen? Beschreibe genau, welche Fähigkeiten, Fertigkeiten und Verhaltensweisen dir dabei helfen werden.

Fähigkeiten	Fertigkeiten	Verhaltensweisen

4. Schritt: Ziel-Zustand selbst aufrechterhalten

Kannst du den angestrebten Zielzustand selbst und ohne fremde Hilfe aufrechterhalten? Wie genau wirst du das machen? Beschreibe genau, welche Fähigkeiten, Fertigkeiten und Verhaltensweisen dir dabei helfen werden.

Fähigkeiten	Fertigkeiten	Verhaltensweisen

5. Schritt: Kurze Feedback-Schleife herstellen

Zerlege dein Ziel in möglichst viele Teilziele. Die Teilziele sollten von dir leicht erreichbar sein. Notiere in der Tabelle links die Teilziele und rechts deine Fähigkeiten, Fertigkeiten und Verhaltensweisen, die dir helfen werden, die Teilziele auch tatsächlich zu erreichen.

Teilziele	Fähigkeiten etc.

6. Schritt: Ziel-Kontext bestimmen

Für welchen Kontext soll dein Zielverhalten gelten? Wie muss dein Verhalten in diesem Kontext sein, so dass du dich im Sinne deines Ziels verhältst? Was musst du dazu wann und wo wem gegenüber genau wie machen? Notiere deine Überlegungen.

Der Ziel-Kontext:	
Was?	
Wann?	
Wo?	
Wem?	
Wie?	

7. Schritt: Ziel-Zustand sinnesspezifisch konkret beschreiben

Wie wirst du merken, dass du dich am Ziel befindest? Welche Sinneseindrücken wirst du dann in welcher Reihenfolge wie genau haben? Mache dir Notizen. Hinweis: Beachte, dass die hier gewählten Formulierungen positiv sind und keine Vergleiche enthalten.

Wenn ich am Ziel bin,
sehe ich:
höre ich::
fühle ich:
rieche ich:
schmecke ich:

8. Schritt: Verträglichkeit des Ziels prüfen

Nimm an, alles wäre jetzt schon so, wie du es im Augenblick erlebst. Du wärest an deinem Ziel angekommen. Was würde sich dadurch in deinem Leben verändern? Wie gut kannst du mit diesen Veränderungen umgehen?

Veränderungen in meinem Leben .....
1.
2.
3.
4.
5.

.... und wie ich damit umgehe
1.
2.
3.
4.
5.

9. Schritt: Ziel-Physiologie induzieren

Denke an eine Situation, in der du dein Ziel noch nicht erreicht hast (Problem-Physiologie). Gehe in diese Situation hinein. Beantworte dir jetzt dazu im Geiste die folgenden Fragen:

- Was siehst du jetzt?
- Ist es ein Film oder ein Bild?
- Ist es farbig oder schwarzweiß?
- Ist es eher hell oder eher dunkel?
- Eher scharf oder eher unscharf?
- Was hörst du jetzt?
- Sind es Stimmen, Geräusche, Musik ......?
- Wie laut ist es?
- Ist das Ganze stereo oder mono?

- Aus welcher Richtung kommen die Geräusche?
- Was fühlst du jetzt?
- Wo in deinem Körper ist das Gefühl?
- Wandert das Gefühl in deinem Körper?
- Ist es andauernd da?
- Wie intensiv ist das Gefühl?
- Was riechst du jetzt?
- Wie riecht es?
- Was schmeckst du jetzt?
- Wie schmeckt es?

Stellen dir jetzt vor, du hättest dein Ziel in dieser Situation bereits erreicht? (Ziel-Physiologie) Wie wäre das? Wie erlebst du das? Was ändert sich wie?

10. Schritt: Überbrücken in die Zukunft

Stelle dir jetzt eine Situation in der nächsten Woche vor, in der du wieder für dein Ziel arbeiten möchtest. Gehe in die Situation hinein und erlebe alles so, als ob es schon jetzt geschähe. Wie verhältst du dich? Wie fühlst du dich dabei? Bist du zufrieden mit der Veränderung? Sei kritisch bei der Beurteilung.

➢ Hinweis:

Wenn alles ok ist, gehe zum nächsten Schritt der Übung weiter; falls nicht, beschäftige dich noch einmal ausführlich mit möglichen Einwänden gegenüber der Veränderung. Prüfe die Einwände sorgfältig und überlege, welche Fähigkeiten dir zur Verfügung stehen, um mit den Einwänden umzugehen.

11. Schritt: Übung beenden

☐ Komme in das Hier und Jetzt zurück. Atme einige Male kräftig ein und aus.

10.

Jens handelt

zwanghaft

„Die von uns gespeicherten Erinnerungen
sind in einer Gestalt angeordnet,
was einfach bedeutet, dass Erinnerungen,
die sich um ein bestimmtes Thema ranken,
häufig wie eine Perlschnur
miteinander verbunden sind."
(Tad James & Wyatt Woodsmall)

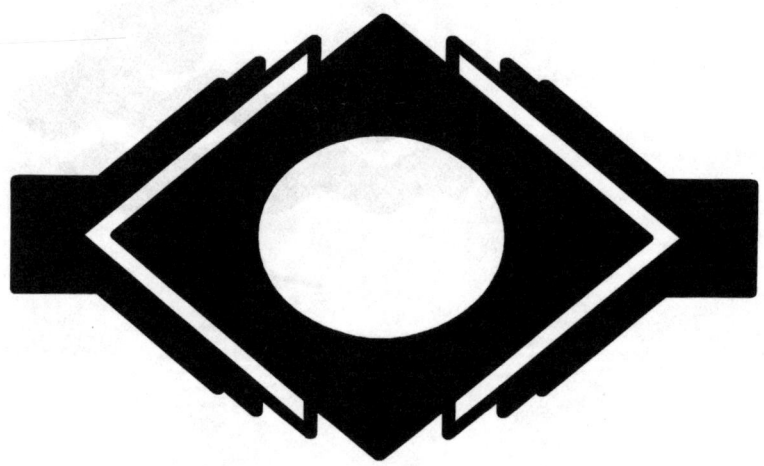

Die Situation

Jens ist 9 Jahre alt; er besucht die dritte Klasse der Grundschule. Jens ist sehr beliebt: bei den Lehrerinnen ebenso wie bei seinen Mitschülerinnen und Mitschülern Und Jens bringt gute Leistungen: Fast alles scheint ihm auf Anhieb zuzufliegen. Kaum einmal muss Jens sich wirklich anstrengen, um einen Lernstoff zu verstehen. Sollte dies aber doch einmal nötig sein, so setzt sich Jens auch auf den Hosenboden und büffelt.

Seit einiger Zeit beobachtet Jens eine Veränderung in seinem Verhalten, die er selbst nicht so recht deuten kann. Alles fing damit an, dass er eines Abends unsicher war, auch alle Bücher und Hefte für den nächsten Schultag in seine Mappe gepackt zu haben. Jens öffnete die Schultasche noch einmal, um nachzusehen, ob auch alles drin war, was hinein sollte, und er schloss die Tasche dann.

Auf irgendeine ihm unbekannte Weise fühlte er sich aber nach kurzer Zeit gezwungen, die Tasche erneut zu öffnen: „Habe ich wirklich alles eingepackt?" Diese Prozedur wiederholte sich am selben Abend noch ein paar Mal, bis Jens ins Bett musste und er müde einschlief.

Einige Tage hatte Jens dann nichts mehr mit seinem zwanghaften Verhalten zu tun; er dachte auch nicht mehr daran, was ihm dann eines Abends widerfahren war. Doch dann kam die Situation wieder: „Habe ich alle Sachen eingepackt?" pochte es dann in seinem Kopf und er öffnete und schloss seine Schulmappe immer wieder, bis er von seiner Mutter zum Abendessen geholt wurde. Doch der Gedanke, vielleicht doch etwas nicht eingepackt zu haben, verließ ihn auch da nicht.

Zunächst glaubt Jens noch, er könne die Sache allein bewältigen, doch er stellt fest, dass das nicht klappt. Er spürt, dass sich sein Problem sogar ausweitet. Jetzt öffnet und schließt er seine Schultasche auch schon einige Male am Ende der Unterrichtsstunden: Immer wieder hat er das Gefühl, vielleicht doch irgend etwas nicht eingepackt zu haben. Sein Drang, sich immer wieder zu kontrollieren, nimmt zu.

Jens fühlt sich in der Situation überhaupt nicht mehr wohl, er erlebt sich als Opfer widriger Umständen, gegen die er vergeblich ankämpft. Auch seine Eltern sind ratlos: „Jens, du musst das lassen. Du brauchst doch nicht ständig zu kontrollieren, ob du deine Sachen eingepackt hast. Und es ist doch sicher gar nicht so schlimm, wenn du wirklich mal etwas vergessen hast." All das scheint Jens nicht zu helfen; er ist hoffnungslos.

Die Eltern suchen das Gespräch mit Jens' Klassenlehrerin, der inzwischen auch aufgefallen ist, dass sich Jens manchmal am Ende von Unterrichtsstunden auffallend lange mit seiner Schultasche beschäftigt: „Jens braucht wirklich sehr lange, um die Sachen einzupacken, die wir im Unterricht gebraucht haben. Er trödelt und ist meist der letzte, der aus der Klasse geht."

Die Klassenlehrerin ist überfordert; sie kann mit Jens' zwanghaftem Verhalten nichts anfangen. Sie hat noch nie gehört, dass es solche Zwänge geben könnte: „Seine Schultasche immer auf- und zumachen, das ist doch Unsinn! Das wird sich der Jens schon abgewöhnen. Wir sollten uns einfach mal eine Weile damit gar nicht beschäftigen, dann hört der ganz von allein auf, sich auf diese Weise wichtig zu machen." Auch die Klassenlehrerin muss am Ende einsehen, dass das Ignorieren von Jens' Verhalten keinen Erfolg bringt.

Fragen

➢ Wie beurteilen Sie Jens' schulische Leistungen?

....

....

➢ Wie genau äußert sich bei Jens das zwanghafte Verhalten?

....

....

➢ Wie fühlt sich Jens dabei?

....

....

➢ Welche anderen Situationen kennen Sie, in denen sich Menschen zwanghaft verhalten?

....

....

➢ Wie fühlen sich diese Menschen wohl dabei?

....

....

➢ Welche Einstellung haben Sie zu Menschen, die solchen Zwängen unterliegen? Woher rührt diese Einstellung?

....

....

➢ Was würden Sie Menschen raten, die unter solchen Zwängen leiden?

....

....

➢ Welche Rolle spielen die Eltern für Jens' Problem? Woher wissen Sie das?

....

....

➢ Wie beurteilt Jens' Klassenlehrerin die Situation?

....

....

➢ Was halten Sie von dieser Beurteilung? Warum?

....

....

➢ Welche Maßnahmen schlägt die Klassenlehrerin vor, um Jens' Problem anzugehen?

....

....

➢ Was halten Sie von den Maßnahmen, die die Klassenlehrerin vorschlägt?

....

....

➢ Welche Maßnahmen erscheinen Ihnen jetzt geeignet, um Jens' Situation zu verbessern?

....

....

➢ Weshalb kommen Sie gerade auf diese Maßnahmen? Welche anderen wären möglich?

....

....

Die Deutung

Jens hat keine intellektuellen Probleme; er kommt in der Schule gut mit. Schwierigkeiten geht er aktiv an, er hat eine hinreichende Frustrationstoleranz, um eine Sache konsequent zu verfolgen. Auch sozial ist Jens anerkannt, seine Mitschüler mögen ihn und er ist in die Lerngruppe integriert. Seine derzeitigen Probleme haben sich offenbar (noch) nicht auf seine schulischen Leistungen ausgewirkt.

Jens leidet unter einem zwanghaften Verhalten: Er hat ständig das Gefühl, seine Schultasche nicht vollständig gepackt zu haben, und glaubt andauernd, etwas vergessen zu haben. Dieser Gedanke macht ihn unsicher; er befürchtet, ihm könne Schlimmes widerfahren, wenn er in der Schule einmal eines seiner Bücher oder auch nur ein Heft nicht vorweisen kann.

Die Unsicherheit nimmt mehr und mehr panikartige Züge an: Ganz sicher macht sich Jens Bilder von Situationen, in denen herauskommt, dass er etwas vergessen hat. "Wass werden die anderen dann von mir halten? Wie stehe ich dann da, vor den Mitschülern, vor der Lehrerin? Die Lehrerin wird mich dann bestimmt zurechtweisen. Und das wird bestimmt ganz schlimm für mich.

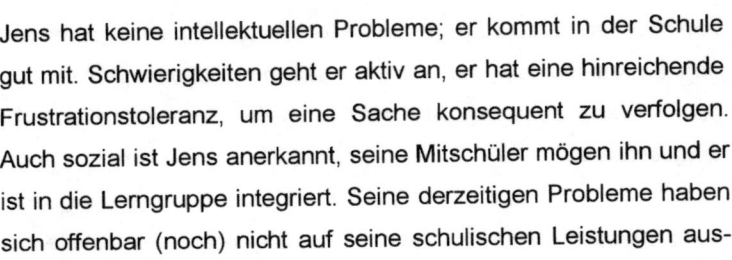

Das bekommen dann meine Eltern zu hören und die werden mich dann ausschimpfen. Das möchte ich aber nicht. Deshalb muss ich jetzt noch einmal nachsehen, ob ich denn auch wirklich alles eingepackt habe, was ich morgen für die Schule brauche."

So oder so ähnlich drehen sich die irrationalen Gedanken in Jens' Kopf, die ihn immer häufiger dazu bringen, seine Schultasche zu öffnen, um nachzuschauen, ob auch alles Wesentliche drin ist.

Der Mechanismus, dem Jens unterliegt, verselbstständigt sich zusehends; Jens fühlt sich als Opfer von Umständen, die er nicht beeinflussen kann, so jedenfalls erlebt er die Situation. Seine Gedanken kreisen bald nur noch um das eine Thema: „Alles eingepackt?" Jens' Lebensqualität wird durch den Zwang letztlich völlig eingeschränkt.

Jens' Klassenlehrerin erscheint hilflos: Sie glaubt, Jens stelle sich an. Er wolle über das ständige Öffnen und Schließen seiner Schultasche Aufmerksamkeit erzeugen, die er ja auch bekommt. Diese Interpretation greift aber zu kurz: Natürlich hat Jens von seinem Zwang den Nutzen, dass sich seine Eltern und seine Lehrerin damit beschäftigen. Doch Jens' soziale Eingebundenheit spricht nicht dafür, dass er Zuwendung über einen solchen Mechanismus sucht oder dies nötig hätte. Außerdem fühlt sich Jens in seiner Situation selbst sehr hilf- und hoffnungslos; er leidet unter den Umständen sehr. Dies muss dazu führen, auch an andere Gründe zu denken, die Jens' problematisches Verhalten auslösen. Dennoch muss überprüft werden, ob der Zwang nicht auch einen sekundären Nutzen für Jens hat.

Wie kann man Jens helfen?
◆ Jens muss kurzfristig lernen, das zwanghafte Verhalten als überflüssig zu erkennen.
◆ Jens muss mittelfristig lernen, das zwanghafte Verhalten zu beseitigen und sicher zu stellen, dass der Zwang auch in Zukunft nicht mehr auftritt.
◆ Jens muss langfristig lernen zu prüfen, inwieweit sein zwanghaftes Verhalten ihm auch dabei hilft bzw. geholfen hat, sich soziale Anerkennung zu verschaffen.

Die Intervention

Als Hilfe zum Erreichen des mittelfristigen Ziels können die folgenden beiden Übung dienen:

Übung 1:
Etablieren der
virtuellen Time Line

1. Schritt: Situationen verschiedener Zeiten erinnern

Erinnere nacheinander vier verschiedene Situationen: Denke an das letzte Weihnachtsfest, das vergangene Wochenende, deinen nächsten Geburtstag und an deine Pensionierung. Aus welcher Richtung kommen diese Erinnerungen in deiner Vorstellung auf dich zu? Von vorn? Von hinten? Von links? Von rechts?

2. Schritt: Form der Time Line feststellen

Repräsentiere alle Erinnerungen gleichzeitig und stelle fest, welche Form die Linie hat, die durch alle Bilder läuft. Die Linie, die sich dabei ergibt, ist deine persönliche Zeit-Linie, die Time Line.

3. Schritt: Struktur der Time Line festlegen

Schwebe nach oben über deine Time Line und schaue sie dir an. Suggestion: du wirst sehen, dass alle deine Erinnerungen, die vergangenen und die zukünftigen, dort unten abgelegt sind. Sie befinden sich alle auf gerahmten Dias, die entlang deiner Zeitlinie in einem Diakasten eingeordnet sind. Du kannst dies bestimmt so sehen, nicht wahr.

4. Schritt: In die Gegenwart zurückkommen

Schwebe über der Gegenwart deiner Time Line nach unten.

5. Schritt: Übung beenden

Komme in das Hier und Jetzt zurück. Atmen einige Male kräftig ein und aus.

Übung 2:
Swish und Time Line

1. Schritt: Entspannen

Mache es dir bequem. Schließe die Augen. Entspanne dich, so gut es geht. Atme einige Male ganz bewusst ein und langsam wieder aus.

2. Schritt: Time Line abrufen

Wenn du jetzt nach innen schaust, siehst du dort wieder deine Zeitlinie: links / rechts die Vergangenheit und links / rechts die Zukunft. Alle Bilder sind so angeordnet wie immer. Mache dir deine Zeitlinie noch einmal ganz bewusst.

3. Schritt: Haupterinnerung suchen

Schwebe nun möglichst weit nach links / rechts in deine Vergangenheit. Suche das früheste Ereignis X, bei dem du dich zwanghaft verhalten hast (= Tasche mehrfach öffnen und schließen) und das sich dir im Vergleich mit ähnlichen Erinnerungen besonders intensiv eingeprägt hat. Lass dir Zeit, diese Erinnerung zu finden. Nimm dann das dazugehörende Bild aus dem Diakasten und projiziere es vor dich auf die Leinwand. Wie fühlst du dich?

4. Schritt: Haupterinnerung assoziiert erleben

Lass den Film jetzt zurücklaufen bis an den Punkt, an dem es dir noch gut geht, und halte ihn dann an. Springe nun in das Bild hinein, genau an die Stelle, an der du dich selbst sehen kannst. Beantworte dir im Geiste die folgenden Fragen:

- Was siehst du jetzt?
- Ist es ein Film oder ein Bild?
- Ist es farbig oder schwarzweiß?
- Ist es eher hell oder eher dunkel?
- Eher scharf oder eher unscharf?
- Was hörst du jetzt?
- Sind es Stimmen, Geräusche, Musik ......?
- Wie laut ist es?
- Ist das Ganze stereo oder mono?
- Aus welcher Richtung kommen die Geräusche?
- Was fühlst du jetzt?
- Wo in deinem Körper ist das Gefühl?
- Wandert das Gefühl in deinem Körper?
- Ist es andauernd da?
- Wie intensiv ist das Gefühl?
- Was riechst du jetzt?
- Wie riecht es?
- Was schmeckst du jetzt?
- Wie schmeckt es?

5. Schritt: Auslösebild der Haupterinnerung bestimmen

Lass den Film nun langsam vorwärts anlaufen. Gehe an den Punkt in deiner Erinnerung, an dem sich dein Gefühl spürbar in Richtung des Zwangs entwickelt, halte den Film da an. Was genau siehst du in dem Augenblick, der der

Zwangshandlung unmittelbar vorausgeht? Bis du sicher, dass dies das Auslösebild ist, das du immer siehst, kurz bevor das zwanghafte Verhalten einsetzt? Erlebe das Bild, das dem zwanghaften Verhalten vorausgeht, groß und hell. Wir werden dieses Bild gleich noch einmal benutzen. Lege es bis dahin bitte an einem Ort in deinem Kopf ab, wo du es gleich ohne Schwierigkeiten wieder finden wirst.

6. Schritt: Zielbild bestimmen

Projiziere dir jetzt bitte ein anderes Bild, das Zielbild, auf deine innere Leinwand. Betrachter das Bild als Beobachter. In diesem Bild wirst du dich selbst sehen. Das Bild wird dich als jemanden zeigen, der ohne Probleme fähig ist, mit dem zwanghaften Verhalten fertig zu werden. Du wirst dich als jemanden sehen, der verschiedene Fähigkeiten und Wahlmöglichkeiten hat, diese Situation zu meistern.

7. Schritt: Zielbild modellieren

Verändere nun dein Zielbild so lange, bis es für dich besonders anziehend ist. Wenn du möchtest, kannst du zeitweise auch immer mal wieder in das Bild hineinspringen, um zu spüren, wie das ist, ein Mensch mit diesen Wahlmöglichkeiten zu sein. Am Ende schaust du dir das Bild wieder als Beobachter von außen an. Halte das Bild dabei klein und dunkel. Lege es dann an einer geeigneten Stelle in deinem Kopf ab, wo du es nachher wieder finden wirst.

8. Schritt: Verträglichkeit prüfen

Nimm an, du hättest deinen Zwang in dieser und in ähnlichen Situationen bereits überwunden. Welche Einwände gibt es gegen diese Veränderung? Wie gehst du mit diesen Einwänden um?

Veränderungen in meinem Leben .....
1.
2.
3.
4.
5.

.... und wie ich damit umgehe
1.
2.
3.
4.
5.

9. Schritt: Auslöse- und Zielbild auspacken

Packe jetzt das Auslösebild wieder aus. Du erlebst dieses Bild von innen, assoziiert, es ist hell und groß. Packe jetzt dein Zielbild aus; setze es an eine kleine, dunkle Stelle in das Auslösebild ein. Halte das Zielbild dunkel und achte darauf, dass du dich in diesem Bild selbst sehen kannst.

10. Schritt: Swish

Auf meine Anweisung „Achtung! – Fertig! – Swish!" wirst du so schnell wie möglich folgendes tun: das kleine, dunkle Zielbild wirst du heller und größer werden lassen, bis es die Fläche des großen voll verdeckt; gleichzeitig wird das zunächst große, helle Auslösebild kleiner und dunkler werden und dann vollständig verschwinden. Wiederhole den Vorgang mindestens fünfmal.

11. Schritt: Test 1

Überprüfe, was passiert, wenn du das Auslösebild wieder herstellen willst.

12. Schritt: Test 2

Gehe in deiner Vorstellung jetzt wieder an die Stelle deiner Erinnerung zurück, wo es dir noch gut ging. Mache dir bewusst, dass du dich in deinem Erinnerungsfilm befindest. Lass diesen Film jetzt durchlaufen. Was passiert?

13. Schritt: Bild für die Gestaltveränderung bestimmen

Komme jetzt aus dem Film heraus; suche dir ein attraktives Bild aus diesem Film, das für dich besonders klar zeigt, dass du deinen Zwang überwunden hast.

14. Schritt: Gestaltveränderung durch Time Line

Wir werden dieses attraktive Bild gleich wieder in den Diakasten einordnen. Während du das tun wirst, schaust du nach rechts / links in Richtung deiner Gegenwart und weit in die Zukunft hinein. Du wirst wahrnehmen, dass sich alle Ereignisse, bei denen du auf gleiche Weise zwanghaft gehandelt hast wie in X, dann ebenso verändern werden wie das Ereignis, an dem wir gerade gearbeitet haben. Nimm jetzt das Bild am oberen Rahmen, bringe es über das Loch im Diakasten und ordne es auf meinen Hinweis ein: Achtung! Fertig! Klick! Damit du glaubst, was du gesehen hast, werden wird das Ganze noch zweimal wiederholen.

➤ Hinweis

Manche Menschen erleben beim ersten Durchgang tatsächlich nichts, so dass es sich in jedem Falle empfiehlt, den Vorgang mehrfach zu wiederholen. Durch die Wiederholung wird der Effekt zudem stabilisiert.

15. Schritt: Test 3 und Überbrücken in die Zukunft

Wir werden das Ergebnis jetzt testen. Suche dir aus deiner vergangenen und zukünftigen Erinnerung andere Situationen, in denen du dich ähnlich zwanghaft wie in X erlebt hast. Schaue sie dir auf der Leinwand an; und wenn du dich dabei gut fühlst, springe in die Erinnerung hinein und durchlebe sie von innen. Überprüfe, was dabei geschieht. Beantworte dir dabei auch noch einmal im Geiste die folgenden Fragen:

- Was siehst du jetzt?
- Ist es ein Film oder ein Bild?
- Ist es farbig oder schwarzweiß?
- Ist es eher hell oder eher dunkel?
- Eher scharf oder eher unscharf?
- Was hörst du jetzt?
- Sind es Stimmen, Geräusche, Musik ......?
- Wie laut ist es?
- Ist das Ganze stereo oder mono?
- Aus welcher Richtung kommen die Geräusche?
- Was fühlst du jetzt?
- Wo in deinem Körper ist das Gefühl?
- Wandert das Gefühl in deinem Körper?
- Ist es andauernd da?
- Wie intensiv ist das Gefühl?
- Was riechst du jetzt?
- Wie riecht es?
- Was schmeckst du jetzt?
- Wie schmeckt es?

➢ Hinweis:

Wenn alles ok ist, gehe zum nächsten Schritt der Übung weiter; falls nicht, beschäftige dich noch einmal ausführlich mit möglichen Einwänden gegenüber der Veränderung. Prüfe die

Einwände sorgfältig und überlege, welche Fähigkeiten dir zur Verfügung stehen, um mit den Einwänden besser umzugehen.

16. Schritt: Übung beenden

Komme in das Hier und Jetzt zurück. Atme einige Male kräftig ein und aus.

9.

Literatur-
verzeichnis

„NLP (Neurolinguistisches Programmieren)
steht als Kürzel für einen Komplex moderner,
ganzheitlich orientierter
Kommunikations- und Verhaltenstechniken,
denen eine außerordentlich große
Effektivität nachgesagt wird."
(Winfried Bachmann)

Andreas, C. (1995): Der Weg zur inneren Quelle. Paderborn

Andreas, C. / Andreas, S. (1993): Gewußt wie. Paderborn

Bachmann, W. (1997): Im Team zum Ziel. Paderborn

Bachmann, W. (1998): Das neue Lernen. Paderborn

Bachmann, W. (1998): NLP, Wie geht denn das? Paderborn

Bandler, R. (1994): Die Schatztruhe. Paderborn

Bandler, R. (1995): Time for a Change. Paderborn

Bandler, R. (1995): Veränderung des subjektiven Erlebens. Paderborn

Bandler, R. (1997): Unbändige Motivation. Paderborn

Bandler, R. (1998): Bitte verändern Sie sich . . . jetzt! Paderborn

Bandler, R. / Grinder, J. (1981): Metasprache und Psychotherapie. Paderborn

Bandler, R. / Grinder, J. (1984): Kommunikation und Veränderung. Paderborn

Bandler, R. / Grinder, J. (1994): Metasprache und Psychotherapie. Die Struktur der Magie I. 8. Aufl. Paderborn

Bandler, R. / Grinder, J. (1994): Neue Wege der Kurzzeit-Therapie. Neurolinguistische Programme. 11. Aufl. Paderborn

Bandler, R. / Grinder, J. (1995): Reframing. Paderborn

Bandler, R. / MacDonald, W.(1993): Der feine Unterschied. Paderborn

Beaver, D. (1996): Locker lernen. Paderborn

Becker, E. (1993): Ich sehe deine Sprache, wenn du schweigst. Paderborn

Besser- Siegmund, C. / Siegmund, H. (1991): Coach Yourself. Düsseldorf

Besser- Siegmund, C. (1996): Das Rauchen aufgeben. Reinbek

Besser- Siegmund, C. (1996): Frei von Eifersucht. Reinbek

Besser- Siegmund, C. (1997): Entdecken Sie Ihre Kreativität. Reibek

Besser- Siegmund, C. (1997): Optimist werden, Optimist bleiben. Reinbek

Blickhan, D. (1996): Mit Kindern wachsen wachsen. Paderborn

Brinkmann, M. (1989): Unterwegs zur Vollkommenheit. Paderborn

Buchner, D. (1993): Manager Coaching. Paderborn

Cameron-Bandler, L. (1997): Wieder zusammenfinden. Paderborn

Cameron-Bandler, L. / Lebeau, M. (1997): Die Intelligenz der Gefühle. Paderborn

Chamberlaine, S. (1998): Schritt für Schritt in die Unabhängigkeit. Paderborn

Charvet, S. (1998): Wort sei Dank. Paderborn

Cleveland, B. F. (1992): Das Lernen lehren. Freiburg

Decker, F. (1995): Die neuen Methoden des Lernens und der Veränderung. München / Lichtenau

Dilts, R. (1992): Einstein. Paderborn

Dilts, R. (1993): Die Veränderung von Glaubenssystemen. Paderborn

Dilts, R. (1994): Know-how für Träumer. Paderborn

Dilts, R. (1997): Kommunikation in Gruppen und Teams. Paderborn

Dilts, R. (1998): Identität, Glaubenssysteme und Gesundheit. Paderborn

Dilts, R. (1998): Und dann geschieht ein Wunder. Paderborn

Dilts, R. (1998): Von der Vision zur Aktion. Paderborn

Grinder, M. (1994): NLP für Lehrer. Freiburg

Grochowiak, K. (1996): Das NLP Practitioner Handbuch. Paderborn

Grochowiak, K. (1997): Erfolgreich im Beruf mit NLP. München

Hofman, K. (1998): NLP & spirituelle Dimensionen. Paderborn

Hücker, F. (1998): Metaphern, die Zauberkraft des NLP. Paderborn

James, T. / Woodsmall, W. (1998): Time Line. Paderborn

James, T. : Time Coaching. Paderborn

Jochims, I. (1992): Wer trainiert NLP? Paderborn

Jochims, I. (1998): NLP für Profis. Paderborn

Kliebisch, U. (1995): Beraten kann man lernen. Essen

Kliebisch, U. (1996): Nützliche Lügen produzieren! Baltmannsweiler

Kliebisch, U. (1996): Psycho-Coaching. Baltmannsweiler

Kliebisch, U. (1996): Wenn die Schule Angst macht. Hamm

Kliebisch, U. (1998): Blitzschnell abschalten. Baltmannsweiler

Kliebisch, U. (1998): Glauben Sie, was Sie wollen! Baltmannsweiler

Kliebisch, U. (1998): Wenn Appelle nicht mehr helfen. Hamm

Kliebisch, U. (1998): Wie Sie Ihre Ressourcen nutzen. Hamm

Kliebisch, U. / Basten, K. H. (1997): Lernen wie die Profis! Baltmannsweiler

Kliebisch, U. / Basten, K. H. (1998): Die richtigen Fragen stellen.
Hamm

Kliebisch, U. / Weyer, D. (1995): Wenn die Seele schlapp macht.
Hamm

Kobler, H. (1998): Der Schlüssel zum neuen Lehren. Paderborn

Kobler, H. (1998): Neues Lernen für das Land. Paderborn

Kobler, H.-P. (1995): Kommunikation & Lernen. Paderborn

Kraft, P. (1998): NLP-Handbuch für Anwender. Paderborn

Kraft, P. (1998): NLP-Übungsbuch für Anwender. Paderborn

Kraft, P. (1998): Roboter oder multiple Persönlichkeit? Paderbor

Krusche, H. (1998): Der Frosch auf der Butter. Düsseldorf

Kutschera, G. (1995): Resonanz in Partnerbeziehungen. Paderborn

Kutschera, G. (1995): Tanz zwischen Bewußt-sein und Unbewußt-
sein. Paderborn

Kutschera, G. (1996): In Resonanz leben durch die Kraft Deiner
Quelle. Paderborn

Kutschera, G. (1997): In Resonanz leben und den Neubeginn wa-
gen. Paderborn

Kutschera, G.(1995): Resonanz lernen mit NLP. Paderborn

Laborde, G. (1994): Kompetenz und Integrität. Paderborn

Maaß, E. (1997): Coaching mit NLP. Paderborn

Mast, K. (1995): Kommunikation in Weiß. Paderborn

Mayer-Wamos, A. (1994): Fremdsprachen erfolgreich lehren und
lernen. Paderborn

Meyer, A. (1995): Systemisches NLP. Paderborn

Mohl, A. (1996): Der Meisterschüler. Paderborn

Mohl, A. (1996): Neue Wege zum gewünschten Gewicht, m. CD-Audio. Paderborn

Mohl, A. (1997): Auch ohne daß ein Prinz dich küßt. Paderborn

Mohl, A. (1997): Der Zauberlehrling. Paderborn

Nahler, M. (1996): Vom Wunsch zur Wirklichkeit. Paderborn

Ornstein, R. (1989): Multimind. Paderborn

Ratelband, E. (1996): Der Feuerläufer. Düsseldorf

Richardson, J. (1992): Erfolgreich kommunizieren. München

Rose, C. / Nicholl, M. J. (1998): Der totale Ernerfolg. Landsberg

Rückerl, T. (1994): NLP in Stichworten. Paderborn

Schauer, G. (1995): NLP als Psxhotherapie. Paderborn

Schmidt-Oumard, W. / Nahler, M. (1994): Lehren mit Leib und Seele. Paderborn

Schmidt-Tanger, M. / Kreische, J. (1994): NLP-Modelle

Schott, B. (1994): Andere Wege gehen Reinbek

Schott, B. (1994): Cool bleiben. Reinbek

Schott, B. (1994): Gut drauf sein, wenn's schiefgeht. Reinbek

Schulze, P. (1989): NLP, Einführung in das Neurolinguistische Programmieren

Schulze, P. (1998): NLP. Das Metamodell der Sprache. Berchen

Stahl, T. (1996): Neurolinguistisches Programmieren (NLP). Mannheim

Stahl, T.: Triffst du 'nen Frosch unterwegs. Paderborn

Stevens, J. O. (1994). Vorwort. in: Bandler, R. / Grinder, J.: Neue Wege der Kurzzeit-Therapie. Paderborn

Weerth, R. (1994): NLP & Imagination. Paderborn

Weiß, J. (1996): Selbst-Coaching. Paderborn

Raum für eigene Notizen

Psycho-Coaching

Dr. phil. Udo W. Kliebisch

ist an einem Gymnasium Lehrer für Pädagogik, Ev. Religion, Philosophie und Deutsch, er ist psychologisch ausgebildeter Beratungslehrer, Mitglied im OE-Team seiner Schule, Ausbildungskoordinator und Dozent in der Lehrerfortbildung.

Udo W. Kliebisch steht als Referent für Lehrertage oder kollegiumsinterne Fortbildungen zur Verfügung.

Themen für Fortbildungsveranstaltungen sind u. a.

- Organisationsentwicklung an Schulen
- Schulprogramm-Entwicklung
- Streßbewältigung im Alltag und im Beruf
- NLP als Hilfe für den (Schul-)Alltag
- Spiele als Erziehungsmittel in Schule und Alltag
- Hilfe bei Schul- und Lebensängsten
- Beratungstechniken, Beratungsmethoden
- Kommunikationstraining
- Übungen im freien Reden
- Persönlichkeitstraining
- Konfliktmanagement
- Lern-, Leistungs- und Motivationsprobleme
- Arbeitstechniken

Anfragen bitte schriftlich oder telefonisch an:

Dr. Udo W. Kliebisch
Paulstr. 9 B
44803 Bochum
☎ 0234 / 38 78 78
FU D2 0172 / 871 95 93

Neuerscheinungen 1998

Schule direkt – die Praxisreihe für Selbst-Management, Organisationsentwicklung und Unterricht

Band 1: Udo W. Kliebisch

Blitzschnell abschalten

Stress-Management mit NLP

1998. VI, 120 Seiten. Kt. ISBN 3896760335. FPr. DM 20,—

Stress ist ein Alarmsignal, das den Organismus vor Gefahren warnt. Doch manchmal wird Stress zur Belastung und dann extrem unangenehm erlebt. Solcher Stress ist überflüssig. *Blitzschnell abschalten!* zeigt Ihnen, wie Sie sich mit Techniken aus dem Neurolinguistischen Programmieren (NLP) rasch entspannen können. *Blitzschnell abschalten!* kann Ihr Leben verändern. *Blitzschnell abschalten!* ist ein sehr praktisches Buch, schon auf den ersten Seiten lernen Sie, wie Sie sich auf Knopfdruck von einer belastenden Erfahrung lösen und den damit verbundenen Stress hinter sich lassen können. Und bald danach werden Sie fähig sein, sich in Sekundenschnelle in eine positive Stimmung zurückzuversetzen, die Sie jederzeit abrufen können. Und Sie werden erfahren, wie Sie sich auf zukünftige Ereignisse so vorbereiten können, dass diese Sie bestimmt nicht mehr stressen werden.

Aus dem Inhalt:

☞ Stress – was ist das? ☞ Abstand gewinnen ☞ Gedanken stoppen ☞ Kraft tanken ☞ Stimmung ändern

Band 2: Udo W. Kliebisch / Karl Heinz Basten

Glauben Sie, was Sie wollen!

NLP für Lehrerinnen und Lehrer

1998. VI, 152 Seiten. Kt. ISBN 3896760343. FPr. DM 24,—

Falsche, ungünstige, unvorteilhafte Überzeugungen erschweren die Leistungsfähigkeit bei der pädagogischen Arbeit enorm; demgegenüber werden nützliche, positive und kreativ gestaltete Überzeugungen die Arbeit des Lehrers nach vorn bringen und unterstützen. Die Arbeit wird Spaß machen und leicht von der Hand gehen. Mit dem Neurolinguistischen Programmieren (NLP) kann man einschränkende Überzeugungen verändern oder neue, günstige Glaubenssätze entwerfen. Die berufliche Identität kommt durch die Modifikation des persönlichen Glaubenssystems besser zur Geltung.

„Glauben Sie, was Sie wollen!" ist Lern- und Übungsmaterial zugleich. Der Leser kann lernen, wie er bei seiner pädagogischen Arbeit „funktioniert", er kann erleben, was ihn hindert, so zu sein, wie er sein möchte, und er kann üben, jene Veränderungen in seiner Persönlichkeit anzubahnen, die er braucht, um sich bei seiner Tätigkeit als Lehrer in Zukunft wohler zu fühlen. Dieses Buch wird Sie verändern. Probieren Sie es aus!

 Schneider Verlag Hohengehren
Wilhelmstr. 13; 73666 Baltmannsweiler

Udo W. Kliebisch und Peter Sommer

Projekt-Arbeit

Konzeption und Beispiele

1997. IV, 146 Seiten. Kt. ISBN 3871168726. FPr. DM 24,—

Fächerübergreifende Projektarbeit stellt eine erste Möglichkeit dar, systemisches Denken in die Schulen zu bringen und mit den Kindern und Jugendlichen einzuüben. Projektarbeit bietet schon vom Ansatz her einen multifaktoriellen, ganzheitlichen Zugang zu den Lerngegenständen; sie repräsentiert so in angemessener Form die Realstrukturen unserer Wirklichkeit und macht sie den Heranwachsenden zugänglich. Lernen in transparenten Einheiten, Lernen in erkennbaren Zusammenhängen wird zur Selbstverständlichkeit.

Aus dem Inhalt

● Aspekte einer ganzheitlichen Pädagogik
● System statt Segmentierung
● Rehabilitierung des Emotionalen statt Favorisierung des Rationalen
● Interaktion statt Linearität
● 6 Projektbeispiele für unterschiedliche Altersstufen zu den Themen „Gewalt", „Verantwortliches Handeln" und „Grundfragen der Erziehung"
● Projektbausteine
● ausführliche Literatur-, Medien- und Materialhinweise

Udo W. Kliebisch / Heinz Dieter Fleskes / Karl Heinz Basten

Schule mit Profil

Bausteine zur Schulprogramm-Entwicklung

1997. VI, 146 Seiten. Kt. ISBN 3896760149. FPr. DM 24,—

Innovation in Schule ist nötig. Allerdings muss sie zielgerichtet und bewusst gestaltet sein. Die Schule der Zukunft braucht für ihren Weg eine programmatische Wegweisung, die sie aus sich selbst entwickeln muss: Ein Schulprogramm. Schulprogramm-Entwicklung ist gebunden an die jeweils vorfindbaren Verhältnisse der einzelnen Schule und die Bereitschaft dort, die Möglichkeiten eigener Gestaltungsautonomie zu nutzen. Schulen, die sich auf notwendige Veränderungen nicht einlassen, müssen der Vergangenheit angehören, denn sie bereiten ihre Schüler nicht auf die Zukunft vor.

Schule mit Profil ist ein praktisches Handbuch für Schulen, die die Schulprogramm-Entwicklung ernst nehmen. **Schule mit Profil** stellt eine Reihe von Bausteinen für eine kreative Schulprogramm-Entwicklung vor. **Schule mit Profil** ermutigt zum Nachmachen und Experimentieren. Setzen Sie sich an die Spitze der Bewegung und gestalten Sie Ihre Schule neu. Alle am Schulleben Beteiligten werden davon profitieren!

Aus dem Inhalt:

☞ Rahmen und Bedeutung von Schulprogrammen
☞ Selbst-Diagnose als Basis für ein Schulprogramm
☞ Kollegiumsinterne Fortbildung oder: Wie reden wir miteinander?
☞ Schulleitung im Management-Stil
☞ Wellness-Erfahrungen für Lehrer
☞ Wellness-Erfahrungen für Schüler
☞ Projekt-Arbeit und fächerübergreifendes Lernen

Schneider Verlag Hohengehren
Wilhelmstr. 13; 73666 Baltmannsweiler